不器用な男の
どうしようもなく
真摯な
武術探求

くわえタバコで達人技

鈴木勇悦

BAB JAPAN

はじめに

おおよそ自分は、世間から見たら〝不良〟なんだろうと思う。喧嘩もさんざんした。武道を志せば多少は人格者にも見えようもんだが、ヤクザの用心棒というのは、褒められたもんじゃない。ただ、世間から見て良いだの良くないだの、それって一体何なんだろう、と疑問に感じたことはないだろうか？

良い〜悪い、正しい〜間違ってる……、誰かが決めた？　それに誰もが従わなければならないのか？

自分にとっての武道追究はそんな疑問の繰り返しだった。みんながやっているのが正しい空手？　歴史が長いから価値がある？　みんなが崇め奉っているやり方が正しい突き？　効く？　効かないじゃないか！

馬鹿馬鹿しい。自分に言わせれば、それこそ不誠実極まりない態度じゃないか？

もっとすべてを、自分の目で見極めなければならないのだ。偉大な武術家たちは、実は皆そうやってきたのだ。

〝本質〟をこそ、見極めたい。空手の道のみならず、それが、ずっと自分が追い求めてきたことだ。

時にそれが、異端に映ることもある。いや、「時に」などというレベルじゃないな。自分はずっと異端視されてきた。

でも、これは自信を持って言える。自分が歩んできた道は自分にとっては紛れもない〝正道〟なんだと。

これから綴るさまざまな事は、異端武道家の稀有な面白おかしいエピソードとして、気軽に受け取っていただいて構わない。ぜひケラケラ笑いながら読んでほしい。あり得ねえ！と。

その延長線上に、ぜひきっと、自分の歩んでいる道が〝正道〟だと自信を持って言える人間になってほしい、そんな思いもある。

このコンプライアンス時代、多くの人が頭の中まで自粛自粛になってしまっていないだろうか？

私が試し斬りをした動画を、弟子がＹｏｕＴｕｂｅにアップした。それがひょんな事から、いわゆるバズったりもしたのだが、中には、この本のタイトルにもなっているようにくわえタバコで行なっているものもあった。

さあどうだろう？　けしからんと誹謗中傷のコメントを書き込みたくなるだろうか？

私が不真面目にやっていた結果がそれなら、どんな誹謗中傷も甘んじて受けもしよう。しかし、くわえタバコでは不真面目だと、誰が決めた？

逆に、神妙な顔をしてかしこまっていれば、それは本当に真面目なのか？

〝本質〟を見て欲しい。だから、あえてくわえタバコで刀を扱ったのだ。

こんな事しちゃいけないんじゃないだろうか？　叩かれちゃうんじゃないだろうか？　自分で本当に考えもせずにまずこんなコンプラ思考が頭をよぎる人は、たぶん〝本質〟は見えていないと思う。

〝本質〟を見ていないから、あなたは強くなれないんじゃないか？

〝本質〟を見ていないから、あなたは今、死にたくなるほど悩んでいるんじゃないか？

本書を読めばわかる。〝本質〟を追究するのは実に簡単。実につらい。そして実に楽しいものだ。

どうせ生きるなら、楽しく生きないか！

２０２５年１月

鈴木勇悦

第4章

我が刀法、我流につき……67

第5章 くわえタバコと本質論……87

第6章 高みに昇る秘訣

第1章

こんな空手見た事ない!

私が「日本拳法空手道」の道場に初めて見学に行った時、師匠はそこにはいなかった。入門しても、しばらく師匠は道場に姿を現さなかった。懲役中だったからだ。

1 当たり前にわんぱく時代

1956年、秋田県湯沢市に私は生まれた。男3人兄弟の長男。本格的なものではなかったと今では思うのだが、親父は武術をやっていた。もはや流派名はわからないが、柔術だった。それは〝殺し技〟だから、お前たちは柔道をやれっていって、3人とも柔道をやらされた。3人とも中学の柔道部で主将をやることになる。

実は、中学卒業と同時に東京へ出てきてしまったので、秋田の事はあまり知らない気もしている。きりたんぽだって食べた事なかった。

いわゆる不良とかではなかったつもりだけど、今考えると、悪かったかもしれない。もう、わんぱくが当たり前の時代だったのだ。

小学校5年の時、なんとかいうダムの欄干に立ったらみんな青くなってた。下ははるか下でごうごうの滝だったからだ。そんなことを平気でする子供だった。一歩間違えば死んでしまうところだったのだが。

統率力とか、そういうものがあったのかもしれない。というのも、やはり小学校5年くらいの時、教室の全員の人間を梁の上に登らせた。先生が来たときに生徒が誰もいないって、驚かせようとしただけ。子供の考えることは本当にくだらない。

体育館の天井裏にも入ったこともあって、そうしたら、下から釘が出ているところがあって、一人がそれを踏み抜いてしまった。もう一人は足を踏み外して、ずぼっと足が天井を抜けてしまった。大変な騒ぎである。こっぴどく怒られた。

私が運が良かったなと思うのは、5年6年の時の担任の先生のこと。教室に入ってくるなり「今日は自習。俺二日酔いだからちょっと一時間寝てる。」などとのたまう。そんな時代だったのだ。時代で片付けちゃいかんか。

2　田舎の現実

冬になると学校の先生が来ない。雪でバスが動かないから。先生たちは町から来ていた。ウチからは学校まで2、3キロあった。

中学校も似たようなもんで、バイクと車で来てる先生がいたけど、あとはバスだった。

除雪車は今はラッセル車で吹き飛ばすように処理するが、当時は寄せるだけ。するとその寄せた雪が道路脇にたまって大変な高さになる。それは都会の人が想像するよりもはるかに大変な高さだ。なにしろバスが見えなくなるほどなのだ。

道路脇には電線があるが、それをまたいで歩けた。

それを後に上京した時に人に話すと「秋田の人は嘘つきだ」などとあんまりな言われよう。

「東京の人間はなんてひねくれてるんだ」と思った最初だった。

秋田では春の田植えの時期と秋の稲刈りの時期は学校が休みだった。今でこそ、そういう地方の事情は知られていると思うけれど、当時その話をしたら「そんな馬鹿なことあるわけない」って言われてしまった。それほど当時は、東京と地方は距離があったのかもしれない。

私が子供の頃は、もう、機械なんてあまりなかった時代で、私のじいさんは馬耕、つまり馬を飼っていて、引かせて田んぼを耕していた。耕運機なんか入ってない時代だったので、よっぽど金持ちじゃないと持っていなかった。

地方に行けば行くほど貧乏だったから、どうしたってそういう金のかかるものは使えない。ウチは馬と牛を飼っていて、それが労働力だった。子供たちも労働力として見逃されるはずもなかった。

田舎の方では飯が多く食えるようになると喜ぶっていう風習があった。これは持っている米の量じゃなくて、食べる能力の話。なぜだかわかるだろうか？

江戸時代に人工《にんく》として雇うときに、まず飯を食わせる。その飯を食った量に合わせて賃金を決めたのだ。多く飯が食えるってことは、体もでかいし、それだけ多く体を使えるって事だった。もちろん痩せの大食いの場合もあるし、飯を多く食わなくたって働ける人間はいるが、まあだいたい相場はそうなっている。だから子供が飯を多く食べられるようになったことを親は喜んだのだ。そういう、価値観も全く違うような時代だったのだ。

ウチがとくに貧乏だったつもりはないのだが、田舎というものは貧乏なものだった。米、味噌はあったけれども、おかずが何もない。漬物ばっかりで肉、野菜なんてほとんどなかった。私たちは子供の頃はみんな青っ洟たらしてた。今考えると、栄養失調なのだ。飯だけとにかく腹いっぱい食べてはいるんだけども、肉なんてないし、野菜だって冬場の半年間もつようにしょっぱくした漬物ばかり。そんなしょっぱいものばかり、腹いっぱいなんて食えやしない。

田舎の人は当時栄養学とかそういう知識なんて何もなかったから、バランスのいい食事なんて発想はカケラもない。米には麦を混ぜて食べていた。これはむしろ健康志向か？

刺身なんてのは盆と正月ぐらい。そもそも山間部だったウチで口にできるのはイカとかタコぐらいのものだった。それに、私が子供の頃は冷蔵庫のない時代だったから。イカとかタコくらいじゃないともたないのだ。

だから、法事で折り詰めなんか出ると、親父たちは食わないで、それをうちに持ってきて、そうやって私たちは育った訳だ。

飼ってた鶏をしめて食うとか、冬場は山に行って鉄砲でキジを撃ってきたりしていた。

私が小学校に入る前くらいの頃から、ウチは冬場はまだ炭焼きを主業にしていた。炭焼きは1回火をつけると3日ぐらい燻す。それで水分を飛ばして、それから徐々にもどして燃やしていって炭になる。だから3日4日空く事になる。その時に猟に行ったりする。兎とかキジとか撃ってきて、それが貴重なタンパク源だった。

肉は買ってくるものではなく、山に行って獲ってくるものだった。それにしたって、そうそう動物がいるわけじゃない。

3　せざるを得なかった上京

やがて炭が石油とか練炭に変わってきて、炭の需要が少なくなってきた。そうすると出稼ぎに行かなきゃならなくなる。現金収入がない訳だから。

私も、中学を卒業してすぐに東京に出て鉄塔の設計の仕事に就いた。

親父のいとこが鳶をやっていて、無学だから、図面なんか見れない。そうすると親方にもなれない。すると上に行けないってことで苦労してたわけで、だから図面の仕事をすることにしたのだ。

図面の仕事は5年8ヶ月やった。実際にもう18のときにはもう一人前になっていた。ただ、当時からすでに喧嘩っ早くもあった。

喧嘩は元々強かったんだと思う。まだ大した事はやっていなかったけれど、柔道のベースがあったからかもしれないし、よくはわからない。

私は体格が大きいように見られるかもしれないけど、秋田県人には体格いいのが多くて、その中にしてみると特別大きくはない。中学3年の春で170センチあって、18のときに175センチ、76キロだった。大きいといえば大きいかもしれないが、それでも田舎の方では特別大きくはない。学年では真ん中のちょっと上ぐらいだった。

しかし、何らかの地力のようなものがついていたのだろうか。15で東京に出てきて、すぐ、和歌山に半年いた事がある。その時に十数人で「座り相撲」というのをやる機会があった。

みんな鳶だとか肉体労働者で、墨入れたりした腕っぷしの強いのばかりだった。その中で、15、6の自分が一番強かった。

4 空手をわたり歩く

19の時に伝統空手を1年間だけやった。また、仕事で沖縄に行ったときにもそこで沖縄空手に入門した。

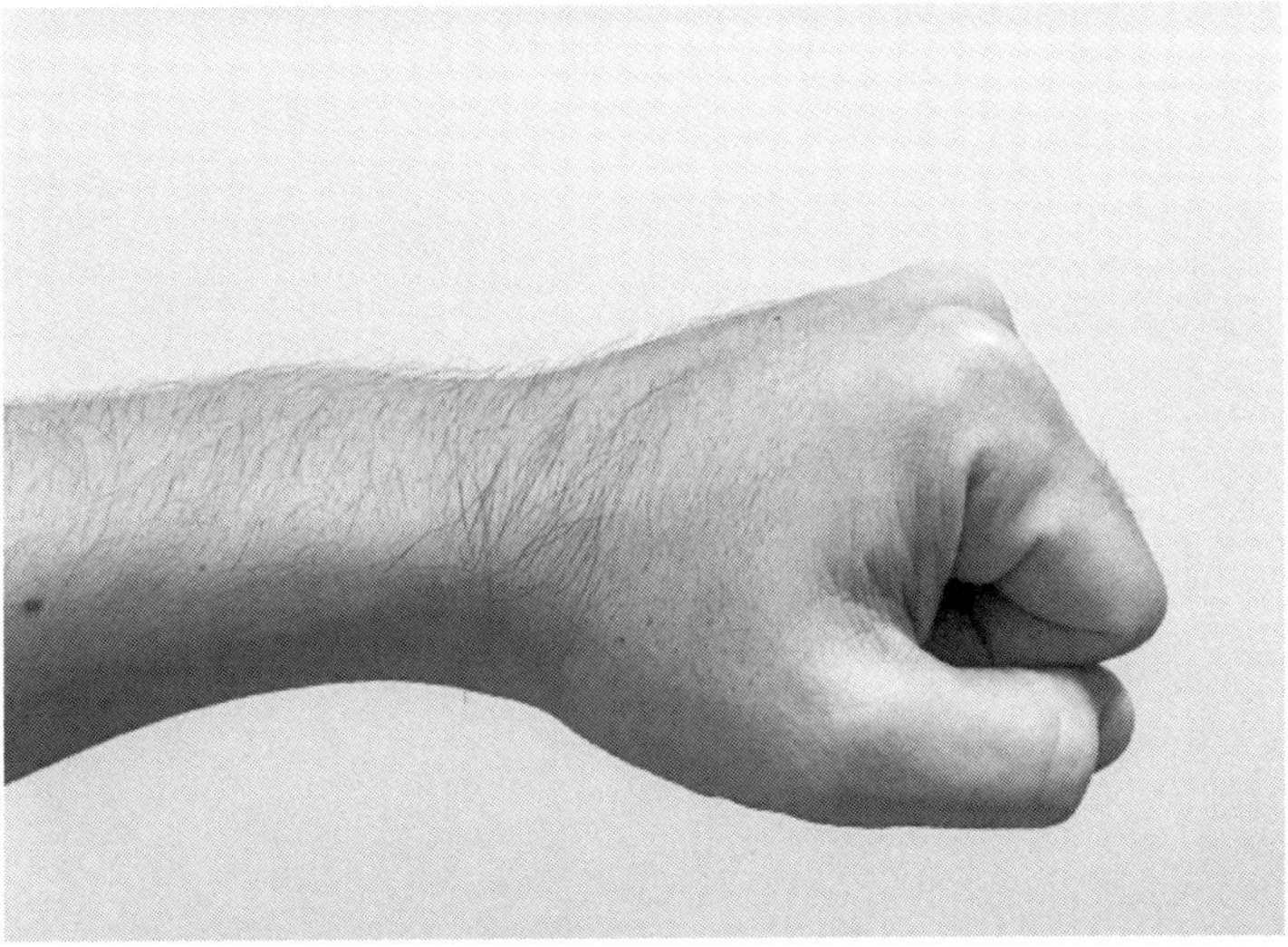

鉄塔の仕事だったのだが、そこの宿舎を借りていた奥さんのご主人が退官した元警察官で、ある時、私が仕事を終えて、ヤシの木に帯を巻いて、打ち込みをしていたら声をかけてきて、「お土産なら金で買えるけど、沖縄には沖縄の独自の武道武術があって、俺の友達は空手道場開いてるんで行ってみないか」って。

行ったらそこは上地流だった。

まあ、当時の自分は何もわからなかったのだが、ただ、掴んで投げるよりも、掴む前に殴った方が早いなとは当時思った。柔道はまず掴んでからなので。それよりも、先に殴り倒した方が早い。合理的だと思ったのだ。

ただし、そこで空手だなと確信を持った訳ではない。まだそこまでは思っていない。

上地流は月曜から土曜まで、週6日稽古していた。

始まるのは夜の7時から。仕事は朝8時から5時までって決まっていたから、7時までにはもう、みんなは飯食っちゃっていた訳だ。私は晩飯食わないで、それで7時から10時、稽古した。7時から、とは言いつつ、さすが沖縄、なかなか人が集まってこない。向こうは時間にルーズなのだ。

稽古が終わると、岬町というところに行って一杯飲んで、飯食って宿に帰って、という生活だった。それを半年間続けた。


空手は喧嘩に強くなろうとして始めた訳ではない。単に好きだったのだ。

とはいえ、やっぱり喧嘩っ早かったので、沖縄でも何度かやった。

仕事は上手く行っていて、中卒ながら、現場のトップだった。19やそこらで、一部上場二部上場の係長クラスよりも給料が多かった。

だから、仕事のことを考えると、パクられて入る訳にはいかなかった。

喧嘩しても逃げなきゃいけない。だから、頭使って喧嘩しなきゃいけない。

地元の喧嘩と地方での喧嘩じゃ、やり方が違う。

地元と違って、地方の喧嘩ってのは逃げ場所がないのだ。よそ者だって事も知られる。泊まっ

ている旅館は決まっちゃってる。だからその場でケリ付けなきゃいけない。

そこできっちり決着をつけないと、後々面倒くさい事になる。

相手が完全に屈服するまでやることで、警察が来る前におさめる。昔だったら地方で警察ってなかなか呼ばないのだ。よほど刃物沙汰とかでもない限り、通報しない。通報すると、あそこの店はまた喧嘩やってるって、客が行かなくなってしまうのだ。

沖縄での喧嘩は、負ける事はなかった。そのうち、だんだん顔が知られるようになってきた。

別に喧嘩を売りまくっていた訳ではない。ろくでもないのをぶちのめしただけだ。

カツアゲなんかしてた奴を一人ぶん投げて

動けなくしてやった、周りに「あんた強いね。初めてだよ、こんな強いの」って言われた。地元の人にも通報されなかった。地元のろくでもないのをぶちのめしてくれたって事で、むしろ喜ばれたのだ。時に、かくまってくれたりした。

顔が知られると、ヤクザみたいなヤツは来なくなる。こいつやばいなと思われると、もう、来なくなる。彼らはプロだから、自分より弱いと思うと4、5人で取り囲んで、ってことをやるけど、負けそうな相手には決して近寄らない。

二度言うと嘘くさいかもしれないが、空手は喧嘩が強くなるためにやろうとした訳じゃなかった。

沖縄にいたのが半年だったので上地流も半年だったが、その後も、和道流、それから糸東流をやった。

いろいろな空手をやってみて、合理的だとは思った。けれど、強いとは思わなかった。巻藁だって三分板程度のものだったし、サンドバッグがある訳でもない。これは強くなれる訳ないなと思ってしまった。

もしかしたら、当時多くの人が持っていた空手幻想は、とうの昔に消え失せてしまっていたか。いや、そもそもそんなもの、持ち合わせてもいなかったか。

組手を見ていても、この人たち何やってるのかな、と思っていた。いろいろな空手をやったのは、それらに不覚をとらないために、というところもあった。

5　こんな空手、見た事ない！

東京に戻ってからの事、先輩に「高円寺に空手の道場があるよ」って言われて、「じゃあこれから行ってみる」ってすぐに一人で行った。

20歳の時の2月10日。はっきりと覚えている。それが日本拳法空手道との出会いの日だ。

行ってみると、その時道場にいたのは二人で、その一人、江口和明さんは当時すでにキックボクサーとして活躍していてテレビで見ていたので、知っていた。

二人はサンドバッグを打っていた。普通の打ち方じゃなかった。一発一発を思い切って打っていたのだ。流す打ち方じゃない。一発で倒すって打ち方だ。

巻藁もあった。それも、今までの空手道場で見かけたようなものじゃない。分厚い板が自分側に傾けるように設置されている。これは容易には押し込めない。

これを見て、本物だと思った。これじゃなきゃ、威力はつかないと思ったのだ。

〝一撃で倒せる突き〟をひたすら追究した。

当時、空手は「当たれば倒れる」「一撃必倒」と掲げていたし、誰もがそうなのだと思っていた。しかし、実際に喧嘩してきた身から言うと、納得できなかった。打たれ強い奴もいるし、一発で意識がなくなる、なんてパンチはボクシングで見かける事もあるが、実際の喧嘩ではほとんどない。猫足立ちから金的蹴って倒す、って言ったって、もう、ビジョン自体がおかしいと感じたのだ。「倒れるはず」という机上の空論は、実戦では通用しない。

突き一撃で倒す場面なんて、実戦ではほとんど現れない。

一発で倒す威力を、この日本拳法空手道では、間違いなく追究していた。

即、入門を決めた。

入門してやらされたのは、サンドバッグを叩くでもなく、鏡の前でひたすらまっすぐに突く事の繰り返し。これが3ヶ月続いた。

日本拳法空手道は、どちらかというと突きに重きをおいた空手だ。蹴りはローキックだけ。転がされたら終わりだぞっていう発想が常にある、要するにリングの上じゃなくて実戦想定なのだ。飛び後ろ回しもいいけど、それ、雪積もってる中で使えんの？　砂浜で使えんの？

高い蹴りを練習するのはいい。でも、リングでは使えても、実戦じゃ使えないよ、っていうのが日本拳法空手道の考え方だった。

現実にそうだった。自分の経験から言っても、高い蹴りなんて、出せるものではない。実力差があるんだったら使えるかもしれないが、喧嘩慣れしてる相手だったらまず無理だ。動いた瞬間に来るから、突き飛ばされる。それでほとんどの場合、相手は武器を持ってるから、それで刺されて終わり。

これまでもさまざまな空手をやってはきたけれども、ここで見たまっすぐの突きは新鮮だった。少なくとも、喧嘩においてはまず出てこない。しかし、最短コースを行くこの突きは合理的だと思ったのだ。

フック、アッパー、ストレート数あるパンチの中で、一番遠くから打てるのがストレート。

素人でもフック系は打てる。しかし、ストレートは難しい。練習しないと出せるものではない。まっすぐに打ち出すのは本当に難しい。その、一番難しくて一番大事な事だから、入門して最初にひたすらやらされたのだ。

江口さんに言われた。「お前なんかまだマシだ。俺は半年やらされた。」

まだマシだったのだ。

入って2ヶ月ほど経った頃だろうか、道場に知らないおじさんが座っていた。

真正面から見ると拳の位置が変わっていないように見えるほど、まっすぐ直線的に打つ。身体の中心から放たれる直線運動の果て、インパクトの瞬間には足から起こる全身の力すべてが背中を通じて拳に載せられる形となり、巨大な破壊力をもたらす。ブレがなく、速く、強力な攻撃を捌くのは容易でない。

話の途中だが、ここで日本拳法空手道をご存知ない人のために、軽くご説明しておきたい。日本拳法空手道の創始者、山田辰雄先生は、かの本部朝基師の門弟で実戦派の雄。空手において初めて、グローブを着け、防具は着けない状態で打ち合うスタイルを始めた（防具を着けるスタイルは沖縄拳法など、存在した）。これがキックボクシングの基になっている。

話戻ると、この時、道場にいた知らないおじさんが他ならぬ道場主、山田辰雄先生のご子息、侃《ひろし》先生だったのだ。

私はそれまで江口さんが道場主だとばかり思っていた。入門して2ヶ月もの間お目にかかる事がなかったのは、懲役に行っていたからだ、ご想像通り、傷害罪である。

侃先生には「100回スパーリングとか組手をやるよりも、1回喧嘩した方が強くなる」ってよく言われた。そういう人だ。

実際、私は当時、日課のように喧嘩をしていた。侃先生もそうで、辰雄先生もそうだ。辰雄先生は沖縄で喧嘩しまくり、顔が知られるようになると、頬被りをしてやったそうだ。

辰雄先生は、いわゆる侍の子だった。母親が江戸時代の生まれで、当時にして170センチあった偉丈夫。辰雄先生は5歳の頃から剣と柔術を稽古されていたそうで、学校から家に帰ってくる度に、「お前は侍の子として恥ずかしい事はしなかったか？」と毎日問いただされたそうだ。

日本拳法空手道独自の球形サンドバッグを打つ山田侃先生。（昭和30年頃）

侃先生の強さも凄まじかったが、背の低い方で私とはあまりに体格が違うのでスパーリングなどする機会は少なかったものの、印象的だったことがある。

とにかくこちらの攻撃が、何をやっても当たらない。それが、特に速く動いている訳ではないのだ。足なんか全然使っていなかった。それでギリギリでかわすのだ。

打たれても前へ出ろ！それが侃先生の教えだった。打たれたら一瞬で前に出る。そうすれば体格差、手足の長さは問題じゃなくなる。

結局、本気のパンチは入れられなかった。入れないでいてくれたのだろう。あの時は怖かった。


とにかく一発で倒すパンチ力をつけろ、と言われた。

重いサンドバッグを打つ。巻藁もやった。

そういう事をやった後には、軽い事もやった。どうしても重いサンドバッグを打ったり、巻藁を突いたりすると、スピードが落ちてしまうのだ。

スピードはやっぱり大事。よく言われたのが、腹の上に１００キロの重りを乗せても死なない。それが、たかだか37グラムだかそのくらいの弾丸で、死ぬ。違いは何だと言ったら、スピードだ。

それが侃先生の教えだった。

どこに当てるかというと、結局どこでも倒せる。そういうパンチ力ができていれば、どこに当てようが倒せるのだ。額は硬いからそこだけは当てないようにするが、それ以外は倒せる。鼻を中心に狙う。頬骨に当たれば陥没させる。口は気をつけないと、歯で拳を切ってしまう。歯を折ったらそれを入れるのも高額になるし、捕まると慰謝料が大変になるので気をつける。これは余計な情報だったか。

6 意外な教え

侃先生からの教えにはこんなのもある。

「とにかく本を読め」

物を知らないとそれだけで馬鹿にされる。だから本を沢山読め。そうすれば、中卒だろうが関係ないんだ。

だから本を本当に沢山読んだ。時には一人稽古しながらも読んだ。さすがにそういうのは頭に入ってこないのだが、本を読む習慣は身について、何より、本が好きになった。今も本は好きでよく読んでいる。おかげでより多くの事を知る事ができた。

学校で受ける教育はどうだか知らないが、知ると視野が広がる知識というものもある。この、視野が広がる、というのは本当に何にでも通じる大事な事だと思う。

視野が広くないと気がつけない事がある。突きはこう突くもの、剣はこう振るもの……そんな風に狭い視野のまま思い込まされている部分は、多くの人が知らず知らずのうちに抱え込まされている。

私は今、この時代とてもほめられたもんじゃない話をしている。喧嘩をしまくった。師匠が懲役。その師が喧嘩奨励？

暴力は問答無用に悪であるという時代になった。喧嘩で相手を怪我させたりすれば、元々どっちが悪くて始まった喧嘩であろうが、怪我させた側は責めを受ける。

今、この時代を支配する価値観に、思い込まされているだけなのではないか？

武術の本質はある意味暴力だ。しかしこれは、私利を得ようとするための暴力ではない。大切なものを護るための暴力だ。

侃先生は当時にして、きれいごとに支配され、本質が抜け落ちかけていた武術の世界において、ものすごく大切な何かを必死に護ろうとしていたようにも思うのだ。

自分で選んだ本を、自分の意志で読んでみるといい。

ネットのような、押し付けられの価値観でない、自分なりの広い視野が、手に入ると思う。

7　過酷なり、キックボクシング

入門してから8ヶ月で、私は指導する立場になった。だから私が月謝を払ったのは8ヶ月だけなのだ。

キックボクシングのリングにも上がるようになった。しかし当時はひどかった。

試合前日にオファーを受けてリングに登った事がある。選手が逃げてしまうっていう事が時折あったのだ。

ひどいのは当日言われる、なんていうのもあった。公式ではなかったので試合が成立しさえすればよかったのだ。

前日に言われた試合の相手はヘビー級だった。1ラウンドKO勝ちした。

だから地方へ行った時もふくめると、戦績なんてめちゃくちゃなのだ。地方では地元の選手を勝たせたいっていう力も働く……こともある。

当時日本はキックボクシングブームだった。

公式戦になってるのかどうかは知らないが、沢村忠は当時なんと1ヶ月に20戦やっていた。半年先まで試合会場が決まっていたから、怪我なんかしたら大変だ。

そんなペースだから200戦くらい、すぐになってしまうのだ。

玉城良光さんだってデビューした1年間で24試合をこなした。これはすべて公式試合だ。

今時だと10年間やって20戦、くらいの感じだろうか
当時はそんな試合数をこなしていた。もちろん体も頑丈じゃなきゃいけないのはもちろんだが、こんなペースでは、とてもガチでできない。八百長！と非難するだろうか。でもこれはエンターテインメントの本質だ。

相撲だって地方巡業行ったら、テレビで見てる本場所と同じだと思って見るとがっかりする。プロレスもそう。力抜いてる。馬場だ猪木だって出てきたって5分ぐらいで終わって帰っちゃう。その前に若い衆が必死で30分ぐらい飛んだり跳ねたりやる訳なのだ。

いい悪いは別にして、エンターテイメントだから、試合をしてくれるっていう、その事自体がありがたい訳なのだ。そうすればまたテレビの視聴率も上がる。だから地方興行はすごく大事だったのだ。

キックボクシングのテレビ放映は5年間で打ち切られて、その後2年ぐらいはチャンピオン同士のタイトルマッチとか、あとマーシャルアーツ（プロ空手）のタイトルマッチとか、そういうのを単発でやっていた。

8　教えない広がらない日本拳法空手道

日本拳法空手道勢は、キックボクシングのリングで猛威を振るった。嫌われるくらい強かった。

しかし、その後も含め、キックボクシング界における一大勢力となる気配もなかった。そういう発想がないのだ。

日本拳法空手道には、そもそも人を多く集めようという発想がない。侃先生も辰雄先生もそうだった。

今も、人を集めて教えるっていう事をやっている人がほとんどいない。新潟の近藤健先生くらい。萩原茂久先生も、自分の家に道場を持ってるのに、教えない。

確かに、人数が多ければ、素質のある人間がいる確率は高くなる。でもウチは、得意技を教えたら破門、という。広げない方向性なのだ。

とにかく自分との戦いなんだっていう考え方なのだ。広めて金を儲けようって考え方は全くない。

盛大に技を披露したり、派手に振る舞えば人も集まるかもしれない。けどそれよりも、〝勝つ〟ことが大事なのだ。〝勝つ〟ためには手の内は知られていないに越した事はない。これが武術の本質なのではないだろうか。かつての武術流派というものは、大概こんな風だったような気もする。

絶えてしまう心配はしないのか、とも聞かれる。

でも、必要なら残るし、時代が必要としていないものだったら、消える。それだけの事だと思うのだ。時代が必要としていないものを無理やり残そうとしても無意味だろう。

第2章

空手、リングに立つ

空手がキックボクシングで通用するか、などという議論が巻き起こるはるか昔、空手はすでにリングに登っていた。とてつもない強さをたたえて。

1 キックボクシングの誕生

空手でグローブを着けて、後は防具なんかはない状態で打ちあうっていう事を始めたのは日本拳法空手道。キックボクシングのルーツという事になるけど、やっぱりどんどん試合をやって、興行をやって、という風に盛り上がっていくにあたってのキーマンだったのは野口修さんだった。当時はプロレスが一番人気の時代。ボクシングも全然人気がなかった。だからプロレスに匹敵するようなものが欲しかった。

ウチは当初名称として「キックボクシング」と「空手ボクシング」の2つを使っていた。それを野口さんのところは「キックボクシングで行こう」という事になって、「キックボクシング」が定着していく事になった。

最初に興行をやったのはウチで、昭和42年に、後楽園ホールで大会を開催した。この時は新聞広告で出場者を募った。

　ところが、出てきたのは空手家1人だけだった。簡単に倒されたけど。

　仕方ないから、ウチの人間同士で5試合組んだ。

　すると、新聞ではスポーツ紙から一般紙から、酷評された。「空手は一撃必殺のはずだ。何発殴っても倒れない。あんな試合なんかありえない」と。

　例えば、ボクシングの世界チャンピオンが日本の4回戦ボーイと戦って、30秒でKOできるか、っていったら、これは難しい。逃げられたらどうか？　これだけで倒すのは容易でない、ルール上では全然問題ない。

　強い弱いじゃなくて、倒せるか倒せないかっていう話になったら、ちゃんとス

テップを使って逃げ回っているやつだったらそれは多分難しい。

とにかく最初は酷評されつつも打ち合う戦いの現実を見せつけた訳だけど、このキックボクシングというものがどうした訳か、急速に人気が出てくる。

当時はテレビで何局も放映していた。TBSのスターが沢村忠、日テレのスターがウチの錦利弘だった。

沢村忠は元々空手をやっていたそうだけど、とにかくジャンプ力がすごかった。それが「真空跳び膝蹴り」という必殺技の誕生につながっていったんだと思う。やっぱりキックボクシング人気の立役者は沢村さんだと思う。カリスマ性があった。

それくらいのカリスマ性を持った選手

がボクシング界にはいなかったかと言うと、少し前にはいた。ファイティング原田さんの人気はすごかった。後楽園球場で試合をやったくらい。そのくらい客が呼べた。ところが、原田さんの後、しばらく日本人が世界チャンピオンになれない時期があった。そのタイミングと合って、キックボクシング人気に繋がったのかもしれない。

2 嫌われ者

キックボクシングのリングでの日本拳法空手道は強かった。強すぎて嫌われた。

それでも、キックボクシングに日本拳法空手道あり、とはならなかった。世間的には、漫画の影響は大きい。沢村さんなら『キックの鬼』だとか、あるいは『空手バカ一代』だとかがヒットすると、世間の目はどうしてもそっちに行ってしまう。そういう意味で野口さんは上手かったし、ウチは下手だった。

ウチは邪魔ものだった。キックボクシングの世界からも嫌われ、空手界からも嫌われる。でもそれは、〝強さ〟を求める事の宿命だと思う。

ウチは勢力拡大しようとか、有名になってやろうとかは思わなかったけど、〝強さ〟には敏感だった。ある時、黒崎健時さんの所に殴り込みに言った。我こそ最強みたいな発言してたんで、頭きて。結局行くだけ行って、そんな大変な事にはならなかったけど、それくらい血気盛んだった。結局、当時は私はこれのために死んでも本望だって思ってたし、師匠の言う事をやってる、それは正しい、という自負があった。覚悟ができていたんだと思う。すると、ビビる事がなくなる。ある時、銃で撃たれた事があって、それが隣のヤツに当たって、死んでしまった。その時、自分には当たらない、という確信がなぜかあった。リングの上でも、どんな相手でもビビった事はない。そんなものなのだ。

3 リング上の武術

結局、我々はリング上の戦いというものの捉え方が違っていたんだと思う。殺るか殺られるかだった。これが武術の感覚なのだ。

スポーツ的な感覚はない。技術を競ってその優劣を決める場だとも思っていない。ビビらなくて当然だ。相手の技術が自分より上であろうとも、殺るしかないのだから。

私はフライからヘビーまで、それぞれの階級を一通り、戦った。これもムチャクチャな時代の為せる業とも言えなくないが、たとえヘビー級が相手だろうが、ビビらなかった。そして実際、倒した。思えば数々の戦い、よく勝ったなとも思う。今にして思えば、運が良かった、と言った

方がいい気がするのだが、これを全然違う言い方をすると、その場その瞬間での〝最善〟を見つけて遂行する能力が、すでに培われていたのだと思う。これがスポーツでない、武術の賜物だと思う。

これは随分後年になっての話だが、タクシーの運転手をするようになってある時、客と喧嘩になった。もちろん、運転手という職業人として、これは褒められた行為ではないのだが、とにかく私はキレて、客を橋から川へ放り投げた。

後で客席をみると、大きなナイフが落ちていた。私を襲うつもりだったのだろう。それを踏まえると、川へ投げ込んだ自分の行為は、きっとあの瞬間の最善だったのだ。

怖がったりビビったりしているような状態だと、それは見えてこない。ここも、精神的に優位に立つか劣位かは大きな分かれ目だ。

逆に、人はなぜビビったり、精神的劣位に陥ったりするのだろうか？

痛いから？　負けたらプライドが傷つくから？　死ぬのが怖い？

そんな事を考える暇がないのが武術だ。

辛い事から逃げるために自殺してしまう人もいるけど、真逆だ。たとえ今ここで死んでも、人間は誰でもいつかは死ぬ、だから今その時が来たのだと思えばいい。そうすると、死は怖くなくなる。

4　評価なんてどうでもいい

リングには上がったけど、自己顕示欲みたいなものはまるでなかった。トロフィー、メダルの類もけっこうもらった気がするけど、今はほとんど家には残ってない。そういうものは昔からずっと、どうでもいいと思ってた。

他人が自分を評価する、それについてはそれだけのことで、自分から俺はこうだ、などと吹聴するのは、なんか違う。

こう言うと、自分に自信があるから、ととられるかもしれないけど、実は私は自信なんて一つもない。試合だって、勝算をもって臨んだ試合なんて一試合もなかった。いつも「やってみなきゃわからない」と思ってた。

やってみなければわからないから、その前の評価など、どうでもいいのだ。

あまり評価を欲しがるのも辛いような気がするが、どうだろう。

そんなに「いいね」とかが欲しいだろうか？

第3章

なんの因果か用心棒

ヤクザの世界は紛れもなく暴力の世界。

今や絶対に近づいてはならない〝悪〟とされているが、そこに武術にも通ずる〝本質〟がある事もある。

1　当たり前に引き受けた用心棒という仕事

ある時からヤクザの用心棒をやる羽目になった。それは師匠にやれと言われたからだ。

当時、私は師匠の言う事はすべて全面的に受け入れていた、怖かったからではない。師匠の言う事が正しいか間違っているかなんて判断したりしない。まずすべてをやってみて、その上で判断するならしたらいい。すべては実際にやってみなきゃダメだ。それが物を教わる者としての正しい態度だと思っていたからだ。

その考えは今でも変わっていない。ある意味、素直さ。それがない人間は、何を学んでも恐らく強くなれない。

師匠も用心棒をやっていた。用心棒という仕事には何かあるような気もしていた。とにかく私は、用心棒をやる事になった。

用心棒の仕事は、トップの身を護ったり、数多くあるトラブルの火消しだ。

当時は株主総会なんかヤクザの巣窟。肩書きこそ総会屋だがその実は皆〇〇組、〇〇一家だった。二枚看板なのだ。暴対法でうるさくなってくると、ヤクザは廃業しました、これからは右翼団体ですよ。そういうのが多かった。

用心棒などという仕事ができるのも、まあ、独身のうちだけだ。子供ができると気が弱くなる。

親分の身を護るという仕事で重要になってくる場面は送り迎えだ。移動の時が一番狙われやすい。

余談だが、この仕事はけっこう時間ができる。待っている間にはスクワットでも何でもやればいい。体を鍛えながらできるいい仕事だと当時は思っていた、

危ない場面というのは、ほとんどなかった。これは自分の〝感覚〟のせいだと思う。

「あれはヒットマンだな」というのが、早い段階でわか

るのだ、そうすると「わかられてしまった」と思ったら、相手は来ないのだ、人は、心の中にあるものは、自然に外に顕れるのだ。そういう人間は自然に行動が普通とは違ったものになる。

一番わかりやすいのが、目があった瞬間に大きく逸らす、という事。そういう人間は度胸のないのが多い。この一瞬で、こちらは向こうのレベルまで図り知る事になる。

2 一発で倒す秘訣

実戦では、一発で倒す必要がある。何しろ相手は間違いなく武器を持っている。それもいくつ持っているかわからない。時間をかければかけるほど、紛れが多くなってしまう。

私は実戦では左で倒す事が多かった、実はキックボクシングでもそうだった。34戦27勝27KO、というのが私の戦績だが、ほとんど左で倒している。私は右利きのオーソドックス・スタイルだ。おそらく右は力が入ってしまう。倒すつもりがないくらいに抜けた左の方が、得てして倒せるパンチになるものなのだ。

師匠に何度も言われていたのが、「左は右の倍練習しろ」という事だった。利き腕の右でなく、左で倒せるようになれれば、もっと簡単に倒せる、という。

右の拳を痛めた時、師匠には「よかったなお前。左を倍強くできるぞ」と言われた。ある時、サンドバッグを一心不乱に叩いていたら、穴をあけてしまった。怒られるかと思ったら「よかったな、お前、パンチ強くなったぞ」と褒められた。またある時には、ウチ特製の太い巻藁を折ってしまった。その時も「よかったな、お前、錦（錦利弘。キックボクシング界に名を轟かせた日本拳法空手道の名選手）よりパンチは強くなったぞ」と言われた。怒られそうな場面でも、こと威力の事だと褒めてくれる師匠だった。あの時は嬉しかったなあ。

実際、喧嘩では大体、一発で倒した。グローブを着けてリングの上だとそうもいかないのだが、素手ならばほぼ一発で決める事ができた。

喧嘩では、蹴りで倒す事はほとんどなかった。ただ、意識を逸らすために金的に向けてちょっと出す。すると大体のヤツは引っかかるんで、そこへパンチを入れる。そうすると一発で倒せた。

不思議なもんで、金的や目を狙うとほとんどの人間が反射的に避けてしまう。本能的に体が反応してしまう。あと、喉への打撃は不思議なほどよく入った。避けにくいんだと思う。喉元は体全体で避けなきゃならないから。

190とか2メートルとか、そういう大きい相手は打撃が届かない、とても倒せない、って一般には思われてるけど、実際はそんな事はない。2メートルというのは頭頂部までの事。顎なら届く。そして、そういう相手は打たれ慣れてない。むしろ一発で倒れる。顎に対する衝撃に慣れてないから体がびっくりしてしまう。

まあ、一発で倒せるのは結構なのだが、顎は歯が折れたりして、つかまった場合に金がかかる。やっぱり殴るところ考えないと。

拳銃で撃たれた事もある。その時の傷は小さいが、いまだに残っている。3人に来られて、刺された事もある。しかし、致命傷にはならなかったので、いまだにこうして生きている。

実戦では、一瞬の感覚が物を言う。固まってしまうとやられてしまう。武術では「居着く」という事をとにかく嫌うが、まさにそれだ。居着いてしまったら、致命傷になる。

私は、やられる瞬間、〝回転〟している。そうすると相手は目標を失う。別に習ってできるようになった動きではないが、咄嗟のこれのおかげで、致命傷にならずに済んだのだと思う。

そういう瞬間は、不思議とスローモーションに見えている。相手の動きを遅く感じているのだ。なぜだかはいまだによくわからないが。

3 よくわからない〝感覚〟

リングでは、相手が次にどういう攻撃を仕掛けてくるか、わかるようになった。「予動作」ではない。まったく動く前から、なんとなく〝感覚〟でわかるのだ。

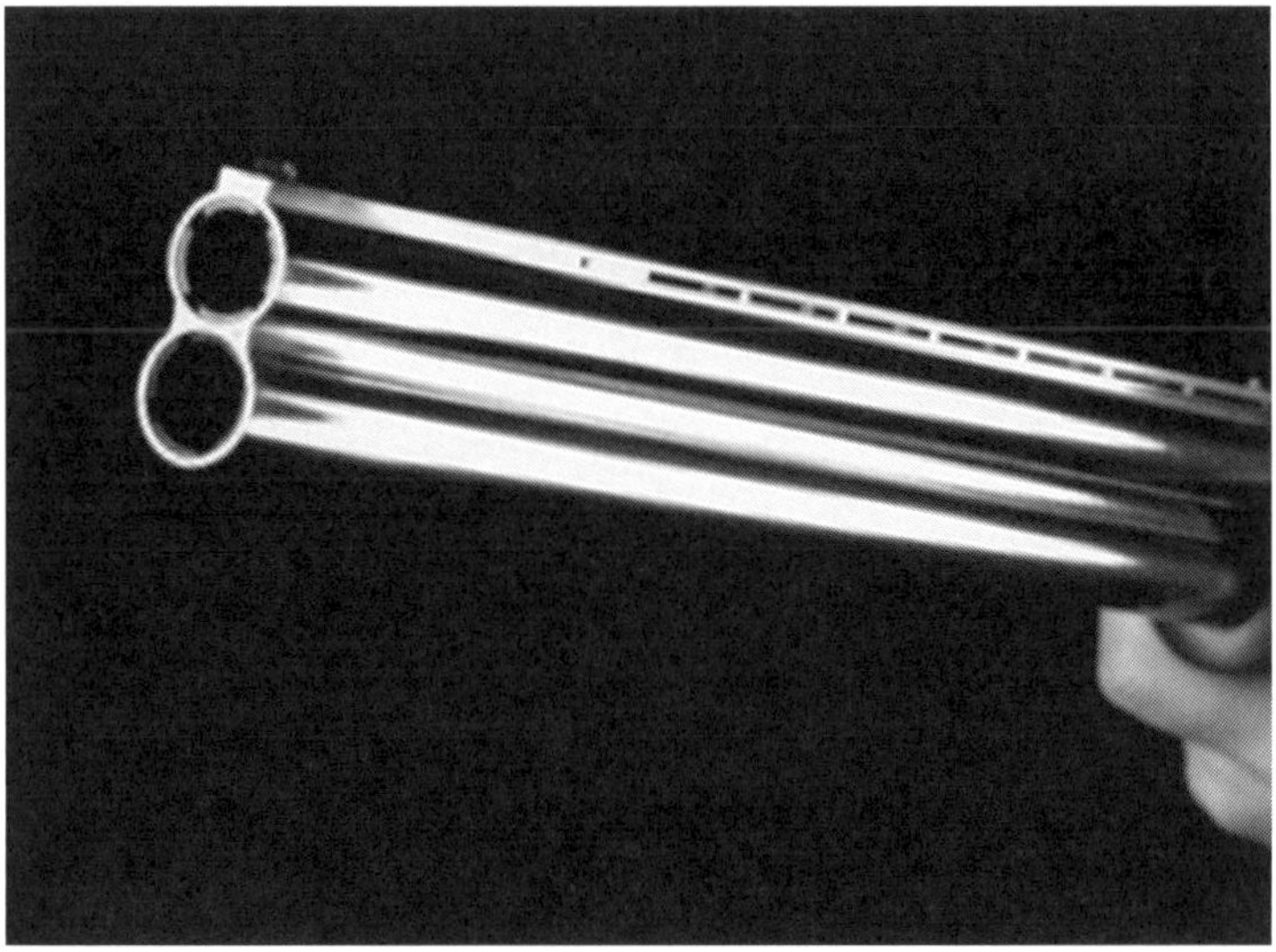

この〝感覚〟は用心棒としてもなくてはならないものだし、この用心棒という仕事のおかげで磨かれた部分もあるかもしれない。武術でそれがあったから、用心棒が務まったのかもしれない。

しかしこの〝感覚〟、いまだに正体がわからない。

先日、こんな事があった。

今、YouTubeでバズってるおじさん、としてTV出演した時の事。

私は自慢じゃないが、ただのおじさんである。収録スタジオに入っていった時、現場の誰もが〝ただのおじさん〟が入ってきたようにしか思わなかった。しかしただ一人、出演者であるタレントのヒロミさんには、〝ただ者でないのが入ってきた〟と感づかれたのを感じたのだ。

聞けば、ヒロミさんは昔暴走族でならしたワルだったらしい。やはりそういう世界で身に付く感覚なのだ。

ヒロミさんはクレー射撃をやっている。私も猟をするので銃の資格を持っている。銃の話で盛り上がった。

クレー射撃は、射出された的に対して2発撃つ事ができる。1発目が外れたら、2発目を当てればいい。しかし、2発を機械的にバンバンと撃つのではない。銃口は同じ状態なのだから、1発目が外れたら2発目も外れるだけだ。そうではなく。1発目が外れたら、素早く銃を修正して2発目を撃つのだ。しかし、的は飛んだままの状態なのだ。しかも、的はこちら側から遠ざかる方向に射出されるので、うかうかしていると遠ざかって行ってしまう。

不思議な話だが、1発目を撃った瞬間に、それが外れるか当たるかがわかるそうなのだ。それでなくては、2発目の修正などできない。

これは〝感覚〟としか、言いようがない。しかし確かにある〝感覚〟なのだ。

私は親父が猟をしていた事もあって、中学生時分から猟銃を手にしていた。

射撃は親父からでなく、親父の友人から教わった。しかし、どこをどう狙え、という事は一度も教わった事はない。そもそも、素早く動き回る動物に銃口を合わせたところで、弾がいく頃には違うところにいる。それでは遅いのだ。

ではどうするか。これも〝感覚〟としか言いようがない。

私は自然にそれが身に付いて、やがて当てられるようになったが、なにしろ全然明文化できない事、全然身に付かない人もいるかもしれない。

4 張り詰めた防衛アンテナ

用心棒をしている時は、警戒心も発達した。それはいまだにある。

例えば、初めて行く居酒屋、新しくできた居酒屋などでは、酔えないのだ。

行きつけの飲み屋でも、必ず同じ席で飲む。入口が見えないところでは決して飲まない。背後がガラス張りになっているような席にも座らない。

こういう事が普通になってしまっている。

普通の人は、そこまで警戒しなくても大丈夫って思っているだろうけれども、けっこう危険は身近に潜んでいるものなのだ。

襲われた事がない人にはわからない。けれども、突然ひどい目に逢う経験をした人は、用心棒じゃなくたって数多くいるだろう。そういう人は、警戒心を緩めない癖がついているはずだ。

武術にも、警戒心を緩めない「残心」というものがある。そういう事を、道場だけの決まり事としかやっていないと、武術もあまり意味のないものなんじゃないかと思う。

拳銃持って襲いに来た、なんていうのも、大体それとわからない風を装ってくる訳で、そういう場合、ターゲットを見定めて、何回か素通りする、なんていう事を必ずやる。その時に察知できないとダメなのだ。

もっとも、一般の人も、そういう感覚が完全に死んでいる訳ではないと思う。やはり動物なのだから。先日、こんな事があった。

ある居酒屋に40年ぶりくらいに行って、なつかしいな、昔と変わんねえな、って思ってたんだけど、団体客がやたら騒いでる、そのそばの席しか空いてなかったので、その時はそこについた、そういう時に私は必ずやる事がある。その団体客の一人ひとりをきちんと〝認識〟するのだ。別ににらみつけたりする訳でもない。ただ〝認識〟するだけだ。

すると、急にその団体客が静かになった。こちらが〝認識〟した事を感じたのだ。

5 武器と卑怯

私は武器をもって実戦に臨んだり武器で人を傷つけたりした事は一度もない。しかし、別に武器を持つ事を卑怯だと思っていた訳ではない。喧嘩に武器を持ち込むなど、当たり前の事だ。

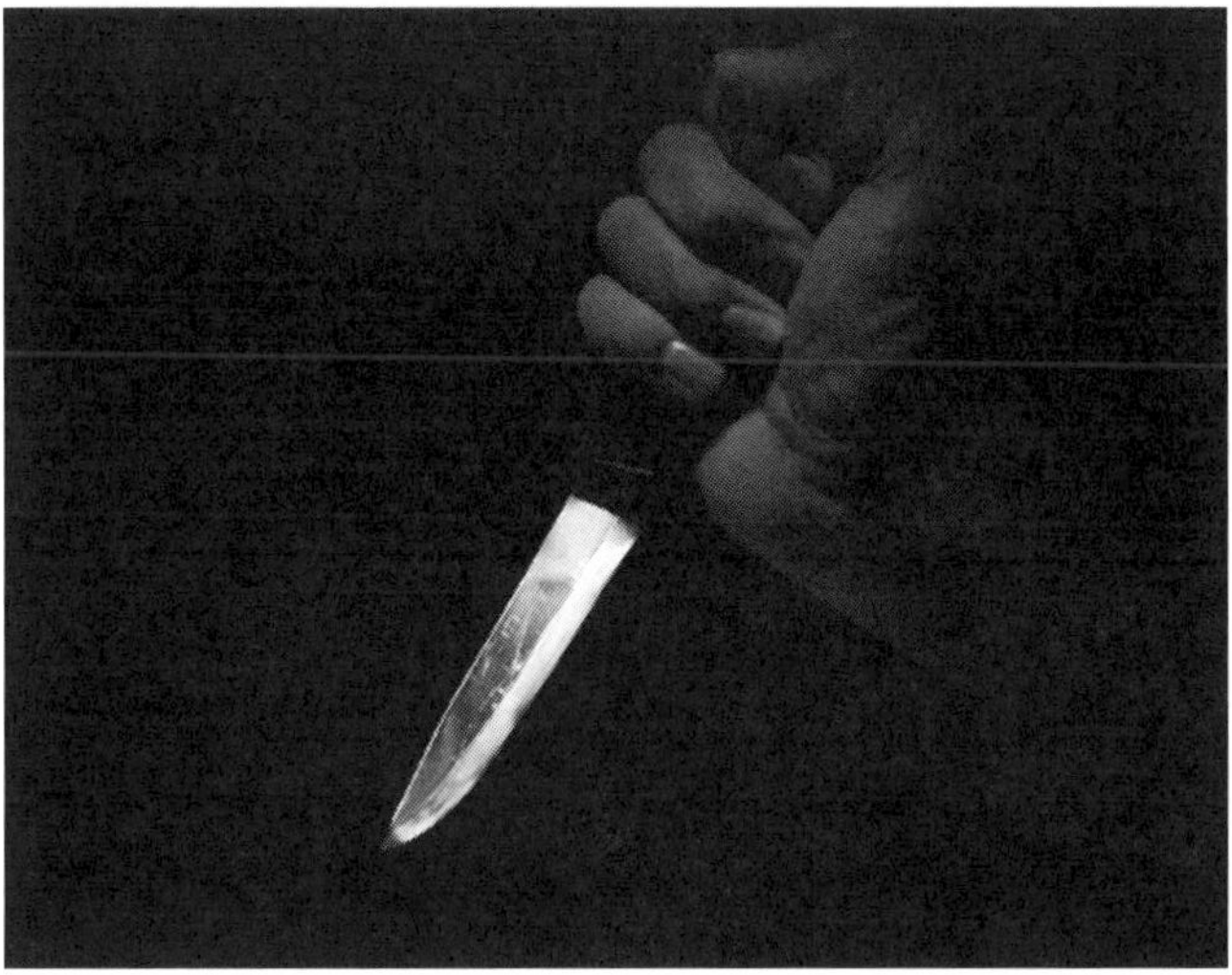

しかし、実際にやってみると、素手でやったにも関わらず、武器でやったものだと警察には疑われる。理不尽だ。

理不尽なのは法律だ。法律に違《たが》っていたら、それは必ず「悪い事」か？　そんな事はないだろう。現代の法律や道徳感の上では、暴力は一分の言い訳の余地もなく「悪い事」だとみなされる。では武術はどうだ？　武術の本質は、ある意味「暴力」である。

その「暴力」をどう使うかが問題なのではないか？　いくら強くとも、徒らに行使してはならない。だから、武術の修練において精神性が高まっていくのではないか？

相手が武器を持っていたら正当防衛が成り立つから、やる、などと悠長な事は言っていられないのが実戦だ。身の危険は誰よりも素早くクリアせねばならない。

その結果として、正当防衛が成立しないような事になったとしても、おそらく誰もに悔いはあるまい。やらなければやられていた、それがわかっている者ならば。

短絡的に、表層的に、良い悪いを判断するのは危険だ。自分自身が判断しなければならない。そのために武術があるのではないか?

「武術は使わないためにやるのだ」なんていう言い方もあるかもしれない。しかし、「使わない」前提の武術になど、何の意義もない。そこにまた思うのだ。

実戦では、先手をとる必要がある。「後の先」などというのもあるが、私は先手必勝で切り抜けてきた。まあ、運がよかったとも思っているが。

相手が若い衆を何人か連れてる兄貴分だったら、真っ先に倒した方がいい。若い衆の前でまずい所見せられないから、本気になってくるのだ。そういうのはナイフ2丁くらい持ってたりする。そしてそういうのは、最初に倒さなきゃダメだ。それが察せれたら、相手が手を下ろす前に動く。

相手が来た所を迎え撃つ「後の先」もいいが、これは実は最初から先が取れていてこその迎え撃ちだったりする。

6　おそらく価値のある前例

褒められた話ではないが、私には懲役の経験がある。懲役に行くと、その前に何か資格を持っていても失効になってしまう。出てきたら、ゼロなのだ。そういう事もあって、前科者は本当に職に苦労する。前科者を雇う奇特なところもなかなかない。私が出所した時もなかなか職に就けなかった。それで当時にして絶対無理だと言われていた、個人タクシーの資格に挑戦した。100点とったって無理だと言われていた。ところが、通ったのだ。私は第1号だったらしい。前例を作る事ができた。私の後には、合格者が出るようになっている。平成7年の事だった。この年には全国で4000人受けて、受かったのは20人しかいなかった。しかし、免許さえとれば、仕事ができるのだ。この個人タクシーという仕事を、私は現在も続けている。

懲役に行ったから、その人間が社会に出てはいけない人間な訳ではない。懲役を全うして、真面目にやっていこうという人間は数多くいる。そういう者も、なかなか職に就けないのが今でも続いている現実だろう。職に就けないからといって、わざわざ罪を犯して刑務所へ戻ろうとする者までいる。これでは本末転倒だろう。全うしたからこそ真面目に真摯に生きていくのだ。それが懲役ではないか？

どうか国も〝本質〟を見据えてほしい。

懲役者だけの話ではない。

大きな挫折を経験し、「もう人生終わった」などと考えてしまう向きは少なくないだろうと思う。

もしそれが〝前例〟がないゆえの絶望なら。あきらめるのは絶対に早い。〝前例〟は必ずどこかの誰かが作っている。あなたが作ればいいんだ。

7 用心棒の心理

私は人と〝肩書き〟では付き合わない。◉◉組の親分だから護る、というのではない。目の前の人間が護ってくれというから、護るのだ。

仏教の言葉で「一殺《いっせつ》多生《たしょう》」っていうのがある。一人を殺す事によって多くを生かすという意味。

もちろん、一人の命も殺してはいかんのだ、という考え方もあると思うけど、それはきれいごと。少なくとも用心棒という仕事の心理はこういうところにある。

自分の命を犠牲にしても、他の命が助かるんだから、命は続いていく事になる。だから、死は怖くない。だから、用心棒ができるのだ。

一人の命も無駄にしてはいけないなどと掲げながら、その実、自分の利しか考えていないっていうのが今の世の中ではないだろうか。
本当に命を大切に考えているのはどっちなんだろう。

第4章

我が刀法、我流につき

日本刀は世界屈指、最高峰の武器と言われる。
しかしそれは、誰が手にしても最強、という意味ではない。
それこそが〝最高峰〟たるゆえんなのではないだろうか。

1 古流剣術は本当に強いのか？

私は、古いものであればあるほど、新しいものに順応できなければおかしいと思っている、例えば、古流剣術というものは「型」というものを大事にしている。古いものを「型」として伝承していくのは大事な事だと思う。

けれども、「本当に打ち合わなくていいのか？」という考えが起こった。だから剣道が生まれた。これは、寸止め空手の中にあって打ち合う事を始めた日本拳法空手道と一緒。

その「型」というものは大事だけど、それが何百年も同じ形で続けているとしたら、それはある意味、異様な事だと思う。それは流祖の考え。けれども、それって絶対なの？という事を思わなきゃならないと思う。その人がそうやってそういう風に強かったっていうだけの事で、その弟子が真似をして同じように強くなった、なんていう例はほぼない。

幕末くらいの剣術家には、若者と竹刀打ち合いをして一本もとられなかったなんていう猛者が何人もいた。今はどうかというと、現代剣道を批判する者はいても、実際に圧倒するなんていう剣術家なんてどこにもいない。そもそも打ち合ったりしない、やったら負けるから。

これはまずい事なんじゃないかと思う。本来、古流剣術は、剣道をやっても強かったのだ。今の古流剣術には、現代剣道を批判する人はいても、実力で示せる人はいない。それは、実力のある人がいないからだと思う。

条件が変わったら、その変わった条件に順応できなかったら、古流ではないと思うのだ。

2 居合に入門

ある時知り合いの事務所に行ったら、刀が置いてある。聞けば居合をやってるっていうから面白そうだねって言ったら、じゃあ、明日おいでよって言われて、そうしたら、警察に連れていかれた。これが50歳の時。

始めて2ヶ月で1級の審査を受けさせられて、受かった。それから3ヶ月しないと初段は受けられないんだけど、それも受かった。そうやってみんな一発で受かり続けて、五段に受かった。受かってから次までの間隔年数が決まってるんで、ストレートで受かり続けても全部で11年かかる。

ある時、私が刀袋背負ってるもんだから話すようになった人がいて、その人が会社の社長さん。今度試し斬りやるから来ないかって誘われた。

そこに行ったら、全員が斬鉄剣を持ってた。小林直紀刀匠の鉄をも斬れる刀。

私は斬る刀として最初に手に入れたのが備前刀。それで斬ろうとしたら、柴崎さんって人に「これは斬らない方がいいですよ」って言われた。会の刀があるからそれで斬りなっていわれて、やるようになったら、会で一番上手かった。なぜだかはわからないけど。

正直、居合は、これが人を斬る技術、とは思えなかった。実際、居合は物を斬らない人が多いと思うけど、なぜかと言ったら、斬れないからだ、と言ったら怒るかもしれないが、ここは一つ耳を傾けてほしい。

ゆっくり抜く、相手の殺気が消えたら、刀を納める、なんていうけど、実際は相手はハナから抜いてくる。そんな暇ある訳がない。というのも一つの真実なのだ。ここから目を逸らして机上の空論に陥るべきでない。

結局これは刀に限らないが、実戦からあまりにも遠ざかっていると、本質が蔑ろにされつつ、机上の空論が顔を出し始める。

ヤクザもんの喧嘩では、鞘の内のままにじり寄ったり、などしない。そんな暇あるか。最初から抜くのだ。

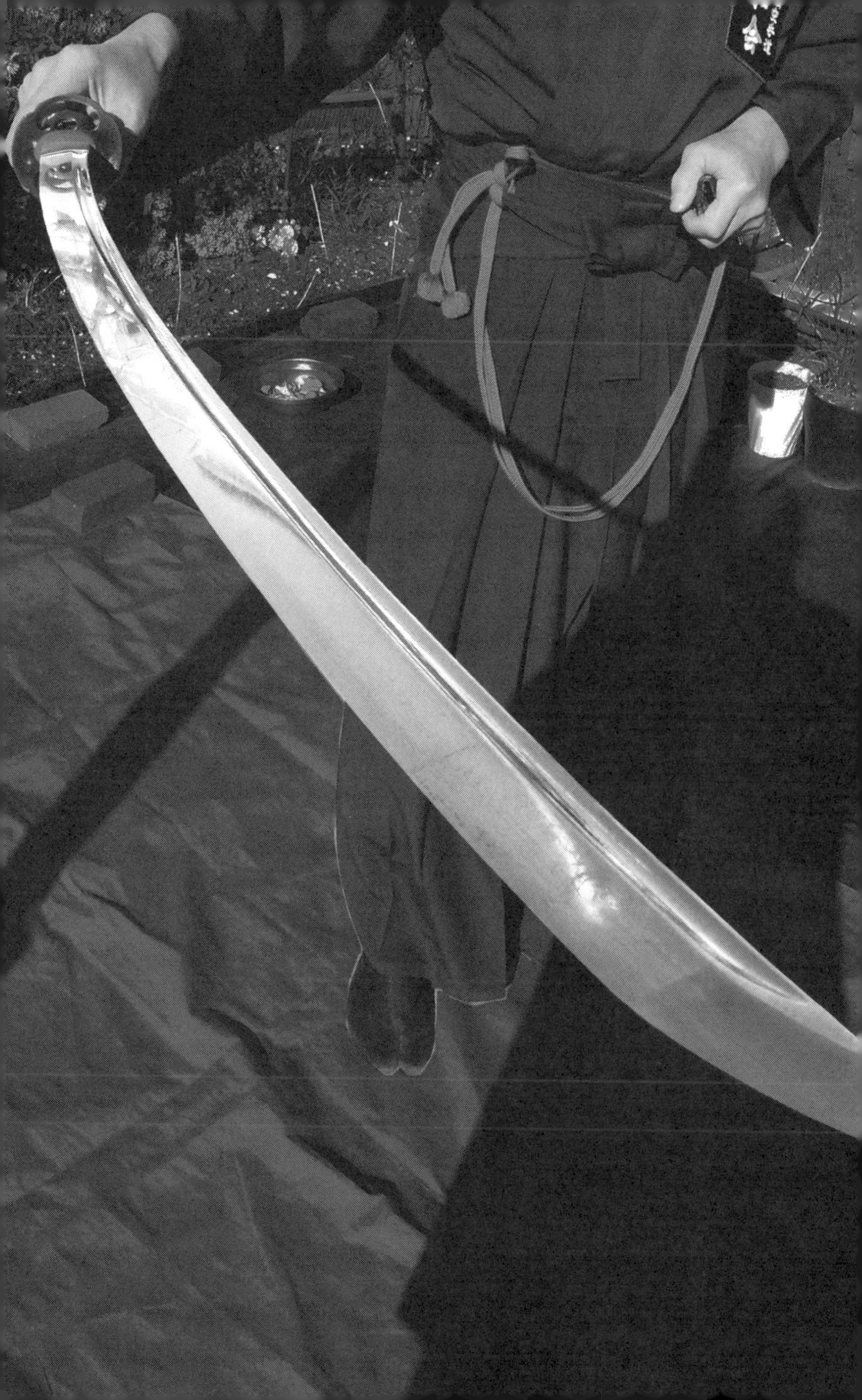

居合の型は体を練るためのものであって、相手がああ来たらこう行って、などという技的な手順を示しているものではないと思う。そういう意味では居合から得るものはあったが、これは使えるものではない、とも思っていた。ただ、「やった事もないくせに」などと言われたくなくて、五段までとった、というところはある。やったこともない人がガタガタ言うな、とは私自身も思う。やってみて得る部分は確かにある。でも、かつての剣豪の強さは、今に型として残るものがすごい技だから、という図式ではもちろんない。本当は多くの人がわかっている事だと思うが、平和な時代にはどうしても本質が見失われがちになる。何を会得するか、何が本質なのか、しっかりと見極めなければならない。

3 どうでもいいもの、どうでもよくないもの

型でもなんでも、そこには各流派の考え方が顕れている。流祖の考え方と言ってもいいかもしれない。しかし、それをウチが正しい、いやウチだ、なんて争いは割と起こっている事だと思うけど、こんな馬鹿馬鹿しい事もない。例えば礼法だって、手のひらを着けて礼するところもあれば、指先だけのところもあるだろう。これにどちらが正しいなんて、ある訳ない。ところが、武術というのはそうなってしまいがちなところがある。何でだろう。

一方、とても大事だと思うのが「付け届け」だ。これ次第で昇段にも確実に差が出るのだから、礼儀の一環としてぜひとも大事にしたい。もちろん冗談だが、実際には冗談ではない。こういう人間が多すぎる。受かるためにはペッコペコ頭を下げて、そういうのに限って、受かったら偉そうにする。こういうのは、見ていて本当に恥ずかしい。普段の様子を見知っている人間ならなおさら、そのギャップにあきれる。

人間というのは、常に見られているものだ。それは別に有名な人間じゃなくたって、そうなのだ。私は弟子がリングに上がる時には、「つま先から頭のてっぺんまで、いろんな人に見られてるんだ。だから、居住まいを正せ」という事はいつも口すっぱく言っている。控え室に入る時もそう。きちんと挨拶しろ、と言っている。当たり前の事。その当たり前の事を日常的にできなかったら、武道家じゃないと思う。

4 ハマグリ刃

私の刀はほとんどが「ハマグリ刃」と呼ばれるものだ。それは、私の愛用刀のほとんどを打って下さっている小林直紀刀匠の作風だからでもある。

小林刀匠は、基本的に古刀（平安中期から戦国期にかけて作られた刀）の製法に基づいて作刀

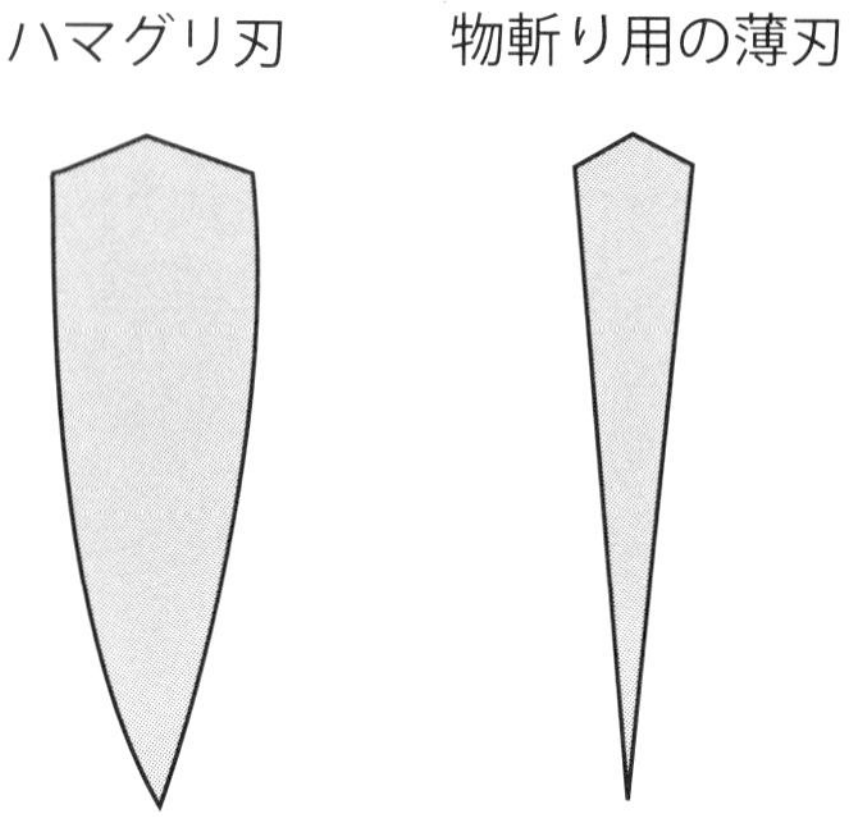

日本刀
刀身の断面

されている。最も原初的であり、かつ、美しさにおいても、斬れ味についても、刀の最高峰とされている。

ハマグリ刃は上掲図のように、刀の刀身断面が、あたかもハマグリのごとく丸みを帯びている。斬ると言っても肉や骨などでなく、巻いた畳表ばかりになった昨今、試し斬り用には刃が通りやすいよう、直線的に薄くする傾向がある。しかし、もはや本来の日本刀ではなくなってしまっているような気がする。強度も全然違う、薄っぺらいカッターのような刃では人は斬れまい。

小林刀匠は、本物の日本刀を作り続けたい、というこだわりが強い。注文がくれば薄い刃の刀も作りはするようだが、本当に嫌そうな顔をしていたのが印象的だった。小林刀匠は他にも、「無垢鍛え」という製法にこだわっている。刀は、一般に、硬い鉄の刃と柔らかい鉄の身を合わせる製法がよく知られている。刃物として鉄は硬い方がいいが、硬すぎると欠けやすくなる、そこで、硬い鉄と柔らかい鉄を合わせる事によって斬撃力と強靭さを実現するというものだが、「無垢鍛え」はそれ以前の原始的な製法で、違う種類の鉄を合わせず、1種類の鉄で作る。その中で斬撃力と強度を両立させるのは至難の技だ。しかし、それこそが古刀の製法であり、日本刀の最高峰と言われるゆえんなのだ。

古流は変化順応しなければならない、と先に述べたが、変わらず、守り続けなければならないものも、確かにある。

先にも記したように、小林刀匠の作る刀は「斬鉄剣」とも称される、鉄をも両断する刀だ。これは先代の小林康宏刀匠から続く伝統で、鍛刀所では、できた刀でスチール製の枠を斬りつけて試すため、枠に無数の斬れ込みが入っている。それで刃こぼれするようでは、日本刀の資格がない、という訳なのだ、それは、古刀がそういうものだったからだ。

私は小林直紀刀匠の作る刀が好きで、何口《ふり》も愛用させていただいている。この、本物の日本刀で斬らねば、武術家の名がすたるというものだ。

5　そもそも、そもそも

居合というものにはずっと疑問を感じてきていた。座ってやる、という事は座敷で行うという事だ。すると、長い刀を差している訳がない。殿中であっても、吉原や酒を嗜むような所でも、刀は預けさせられるはずだ。すると、そもそも居合というものの前提がおかしいのではないかと思うのだ。それに、先にも記したが、あの鞘の内にある状態というのは、一体なんなのだろう。戦いに臨んでは、まず、抜刀する、何よりも誰よりも早く抜刀する。それが実際の戦いというものだ。だから、剣術は抜いた状態から始まるのだ。

ついでに言うと、大東流などは殿中護身術などとも言われるが、典型的初期動作は相手に両手首をつかまれる事。これは刀を抜かせないようにする行為と言われるが、とすると刀を持っているのは自分である、護身術というよりは、自ら帯刀で乗り込んできたテロリスト武術なのではないか？……とまあ、こんな風に、よくよく考えてみると、そもそもの前提、設定がおかしいように思えるものは実は、少なくない。

自分で調べることも大事だと思う。情報を鵜呑みにしない。みんな調べもしないで上辺のことをそれは本当だと思い込んでしまう。今はネットでたくさんの情報が入るように見えて、なんか読まされてしまっている事が実は多い。疑問に感じない。だからまず自分が成長するためには、まず疑問に感じること。疑問を感じないっていうのは自分の考え方を持ってないという事で、人に流されてるだけだと思うのだ。

そんな所に気づいたら、「そういうものだから」と盲信するのはやめて、掘り下げて考えてみてはいかがだろうか。

6 思いの外、上手くいく理由

結局居合いはそれほど長くは続けなかったし、それ以外に習ったり、特別な修練をしたりもせず、いわば我流で続けた。試し斬りもなんだかよくわからないけど上手くいったので、他にも自分でいろいろ考えて試し斬りに挑戦してみた。「どうしても成功させたい」というよりは、「できるんじゃねえかな」という感じだった。これが、ことごとく上手くいった。

これは、まず大雑把に言うと、やはり先にも述べた〝感覚〟なのだ。そしてそれは、何か一つ、懸命に追究すると、他にも応用の効く形で発達するものなのだろうと思う。何か一つの事に打ち込んで、自分が納得いくまで突き詰めたら、他の事を始めても、すぐに一通りの事ができるようになる。これは経験的に断言できる。

私は、徒手格闘をひたすら修練してきたのだが、その中で培われた〝感覚〟は、刀法にも活きてくるのだ。だからそれは、あまり技術レベルで語れるような、具体性を帯びたものでもない。だから空手やキックボクシングの身体操作が刀法の理に共通する、というような話でもないのだ。だから難しい。難しいのだが、確かに応用の効く共通項は存在している。何か突き詰めると、何かがもはや写真からは視認できないくらい小さいブルーベリーの実を自分で投げ上げ、水平斬り。

拾い上げてみると、ちゃんと斬れていた。

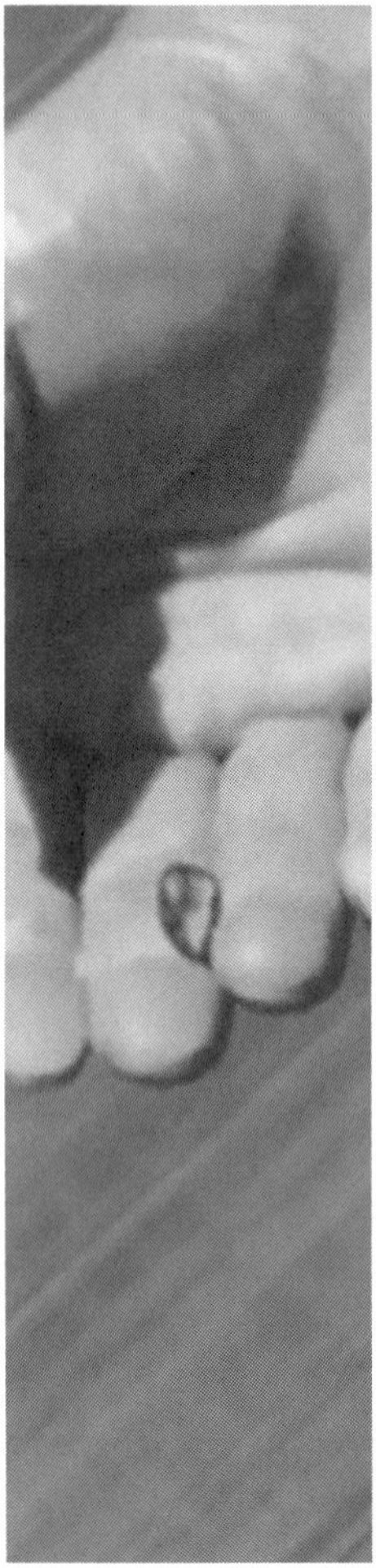

ブルーベリー斬り

バッティング・センターでピッチング・マシンより射出される 160km/h のスピード・ボールを水平斬り。

160km/h 速球斬り

投げ上げたキュウリを、形状に沿うように縦斬りに。

キュウリ斬り

200km/h という常軌を逸したスピードボールを両断。
もはやボールを目で追えるよしもないが " 感覚 " でとらえる。

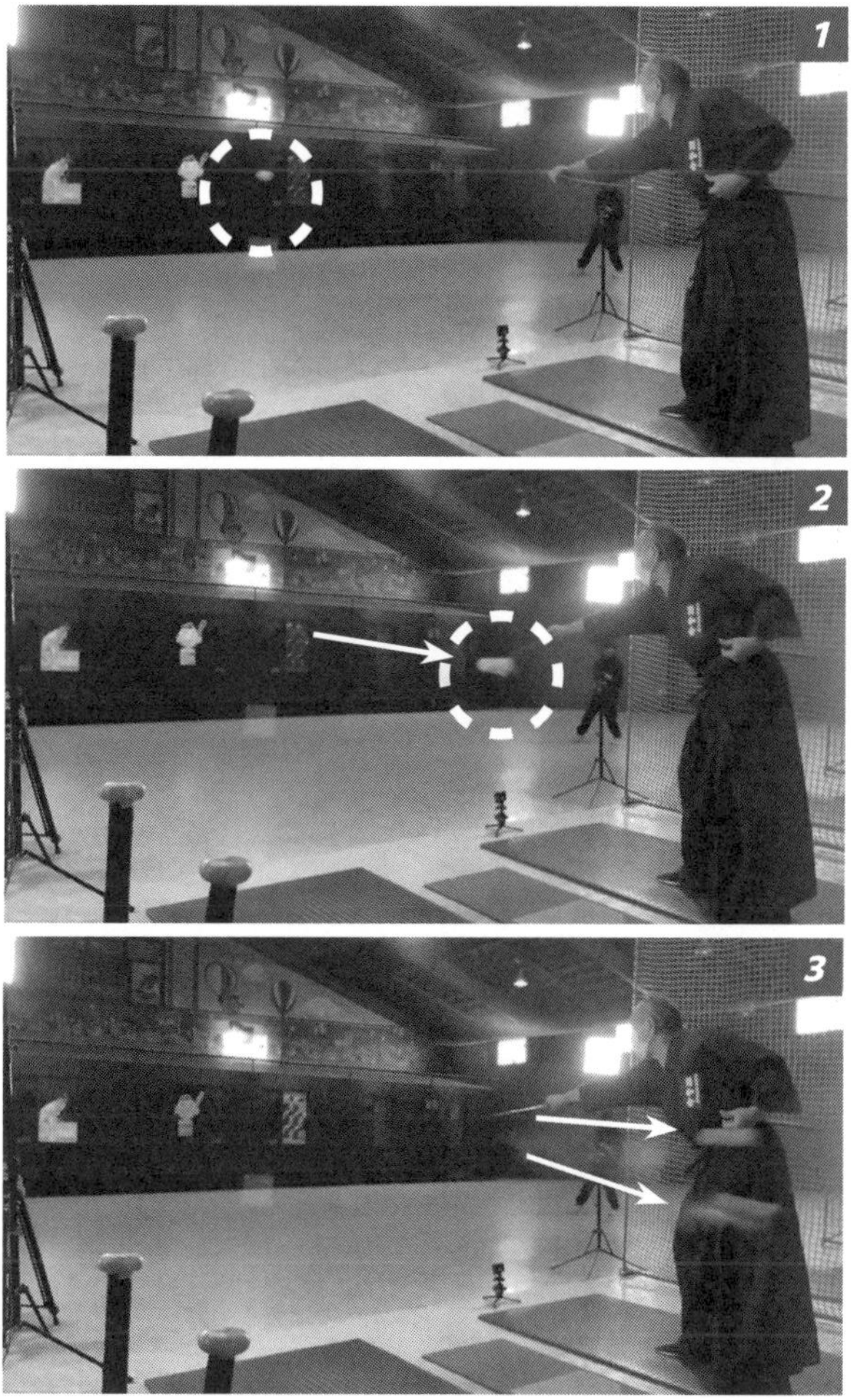

200km/h 速球斬り

確かに培われるのだ。結果として、刃筋が通っているだの、いろいろ具体的に語れる事はあるのだろうけれど、その関係性を語るのは難しい。

強いて、具体的に語ろうとするならば、〝全体性〟ではないかと思う。全体で動くという事。これは日本人の身体操作の特徴だと思う。

体格から言ったら欧米人などに比べ、日本人は小さい。けれど、実際戦ってみたら、勝てない事はない。

部分的な体じゃなくて、体全体的な使い方をするという事。それが日本の武術の特長だと思う。バッティング・センターで160キロのスピード・ボールを斬る、という事をやってみた。自慢じゃないが、野球経験はない。すると、160キロのボールなど、目でとらえられるよしもない。聞けば、そもそも野球のバッティングというもの自体が、たとえ160キロもの速球でなくとも、目でとらえて打っているものではないらしい。〝感覚〟でとらえているのだ。つまりは、キックボクシングで相手をとらえるのも一緒であり、猟で動物をとらえるのも、きっと一緒だ。

ブルーベリーの小さな実を投げ上げて斬る、というのもやってみた。もはや、見えない。どうせ見えないならと、米粒を投げ上げて斬る、というのもやってみた。なんと、成功した。武術とは、見えないものを斬るものなのだ。

200キロという人間離れしたボールを出す機械があるというので、挑戦してみた。これも成功した。

野球で言えば、100キロくらいのボールなら誰でも打てるが、160キロのボールとなると、難しい。200キロとなると、プロでも難しいレベル、となるらしい。しかしこれは野球界での常識ならば、だ。

私は野球はほとんど経験がない。よって、160キロだろうが200キロだろうが、いずれにせよ見えないのだ。その意味で、私は実は「達人技」と呼ばれるような難しい事をしているつもりはない。誰にもできる事だと思っている。動体視力とか、そういう能力の話ではないからだ。

実際、野球選手に指導する機会があって、160キロのボールを斬る、という事に挑戦させてみたが、すぐに成功した。

私は、武術とは奇跡を実現する事ができるものだと思っている。そしてその奇跡は誰でも実現できる。だから奇跡なのだ。

7　上手下手を超越するもの

達人の技を目の当たりにした時、決して「上手ですねえ」などという感想は出てこないと思う。武術とは、上手下手を追究するものではないと思うのだ。

「上手ですね」などと言われたいのならば、剣に我流でなど臨んだりはしなかったろう。由緒作法を踏襲する方が見た目には整って見えるはずだ。

しかし、そんな事はどうでもよかった。「ここが間違ってる」などと言われる心配もあろうものだが、それもどうでもよかった。

どうでもいいついでに、くわえタバコでやった。批判もあった。けれど、何も違ってはいなかった。

投げ上げたブルーベリーを斬った。これが本質だ。斬れるはずもないものが斬れた。これが武術の起こす奇跡だ。

奇跡は何でもない風に起こる。かしこまってお膳立てされて、うやうやしくされた中でしか起こらないようなものではない。

人に褒めてもらう事に、どれほどの価値があるだろうか？

人に認めてもらう事に、どれほどの価値があるだろうか？

人の目を借りずとも、自分が一番よく知っている。自分が認めるのなら、もう、何も必要ないし怖くもないではないか。

そう思えるような自分になるために、並ならぬ修練は要る。当然だ。当然楽ではないが、人の目を気にして取り繕うよりも、はるかに甲斐のある道だと思う。

上辺の事なんて、どうでもいい。自分が信じられるようになる。武術とは、そのためにあるような気がしてくるのだ。

第5章

くわえタバコと本質論

〝常識〟というものは、命のかかった場面では大概、足かせになる。
そういう意味で、武術とは〝常識〟との戦いでもあったろうとも思う。
時にそれは、とんでもない姿で、我々の目の前に現れる。

1 バズる？なんだそりゃ！

ＹｏｕＴｕｂｅに動画をアップしたのは弟子だった。面白そうだからいいじゃないかと思ったのだ。ところが何を間違えたか、注目されてしまったのだ。

登録者は今や120万人を超えた。つくづくわからん世界だ。登録者数が〇万人を超えるとＹｏｕＴｕｂｅから盾を贈られる、そういうシステムらしい。「だから何なんだ」と思いながら受け取った。

なんか、かなりの収入をここで得ているように思う人も多いようだが、誓って、まったくそんな事はない。自慢じゃないが、小遣いにもならないくらいなのだ。そういうものでまとまった収入を得ようとするには、もっとちゃんと考えて何とかしなきゃならないのだろう。何をどうちゃんとして何をするのかはさっぱりわからないが。

ＹｏｕＴｕｂｅの登録者数は世界で25億。登録者数で100万人以上という人は全体の０・０２％

くらいと言われている。

その0・02％の人たちの中でも月に1万いくらやそこらしかもらってない人が多い世界。飯が食えるなんていう人は、本当にほんの一握りなんじゃないかと思う。これはもはや芸能人になるみたいな確率だと思う。

何となく、YouTuberとして食っていくのもアリみたいな、風潮になっているが、そういう風に見せてるだけだと思う。それに、再生回数がどうのと言ったって、多分に操作されているもの。アップしても、やたら見られるのもあれば、全然見られないのもある。どう考えても、多くの人は見させられている。その結果が再生回数だ。だから、バズるためにこんな動画をアップしてやろうなどという発想は、私にはまったくない。

昔に上げた、竹を斬る動画はやたら見られている。なかなか気づきにくいと思うが、これは冬場の竹が硬い時期に、太い孟宗竹を斬ってやろう、と思い立ってやってみたもの。実は2回失敗して3回目でやっと成功したものだ。それくらい、手強かった。だから、自分の腕自慢で上げた訳ではまったくない。むしろ日本刀の斬撃力を文字通り、試してみたものだ。

バズってしまうとなかなか理解してもらえなくなるが、ハナからバズろうなんていう意識はまったくなかった。しかしなんだこの「バズる」って！

見させられたりもすれば、「いいね」もすれば、誹謗中傷もお盛んだ。まったくおかしな文化だ。

"やたら見られる動画" の一つ、斬り口から水が噴き出す「竹斬り」。
再生回数は 2025 年 1 月時点で 6 億 9 千万回。
一方で、全然伸びない動画も少なくない。何が違うというのか……!?

2　くわえタバコでやってみた

さすがに今はちゃんと公開されるという事を認識して撮影はしているが、今も「バズらせよう」とは微塵も思っていない。バズらせようとするなら、きっともっと気の利いたやり方があるのだろう。

むしろ逆の発想になるのかもしれない。

中に、タバコをくわえて試し斬りをしている動画がある。

当然、「けしからん」という意見があがる。

しかしどうだろう。

時と場所を選ばぬのが武術の本質だ。つまり、いつ何時でも対応せねばならない、という事だ。道着を着て、身も心も整えてから力を発揮する、ようなものでもない。そんな暇などないのだ。

くわえタバコで刀を扱うなど無礼千万、なのだろうか？

こう聞くと、「偉い人の前ではかしこまらなければならない」と言われているのと同種のように感じてしまうのだ。

偉い人って何だ？　大物政治家か？　大企業社長か？　有名人か？　神か？　ホームレスの人

の前ではかしこまらなくてもいいのか？

そちらの方がよほど無礼だろう。ホームレスにも、有名人にも。

相手によって態度を変える人間を、私は絶対に信用しない。よく営業職などで、裏返ったような高い営業声色と普段とを使い分けているのがいるが、ああいうのが大嫌いだ。

私はいつだって、他者に敬意をもって臨んでいる。だから相手によって態度を変えたりしない。

今はやたら「コンプライアンス」な時代になった。敬意をもってもいない相手の神経を逆撫でしないようにうわべだけかしこまってみせる。

嘘くさい世の中だ。

武術に惚れ込んでいる私が、刀を、武の先人たちを、神を、……抱くなと言われても抱かざるを得ない敬意を、忘れる訳がないのだ。

そんな諸々で、実はくわえタバコはあえてやった事なのだ。まあ、当然か。

思えば、この「タバコ＝悪」時代もちょっと危険な気がするのだがどうだろうか？

タバコも文化だ。はるか昔の先人たちが育んできたものだ。それを「間違っている！」と切り捨ててしまっていいのだろうか？

本当にタバコは体に悪い、と実感している方ならいい。世間に出回っている情報が「タバコは体に歩い」「副流煙も体に影響が出る」などと言っているからそれを誰もが鵜呑みに……という

図式が怖いのだ。かつてデマに踊らされた悪例は今ここで上げるまでもないだろう。副流煙が体に悪い、と思えば自然にその匂いも嫌いな体になっていく。逆に副流煙が体に良い、という事になったら、逆に好きになっていくのではないか。

何も自分で考えない人たち、が増えている気がしてならない。

3 やってみなけりゃわからない

剣術や居合は、基本的には刀で人を斬る、という事をやっている武術だ。けれども、それを教えている先生で実際に人を斬った事がある、などという人は皆無だろう。そりゃあそうだと思うかもしれないが、他のジャンルだったら、けっこうな由々しき事態である。料理を一度も作ったた事のない料理の先生に習いたい人などいないだろう。
空手でもそれはあった。人を一度も殴った事のない空手の先生は、たくさんいた。寸止め空手ばかりだった頃はそうだった、
日本拳法空手道の創始者、山田辰雄先生は、それではいかんと考えた。そのご子息であり私の師匠、山田侃先生は喧嘩を奨励した。実際の戦いの難しさはやってみなければわからないと考えた。当然と言えば当然だ。

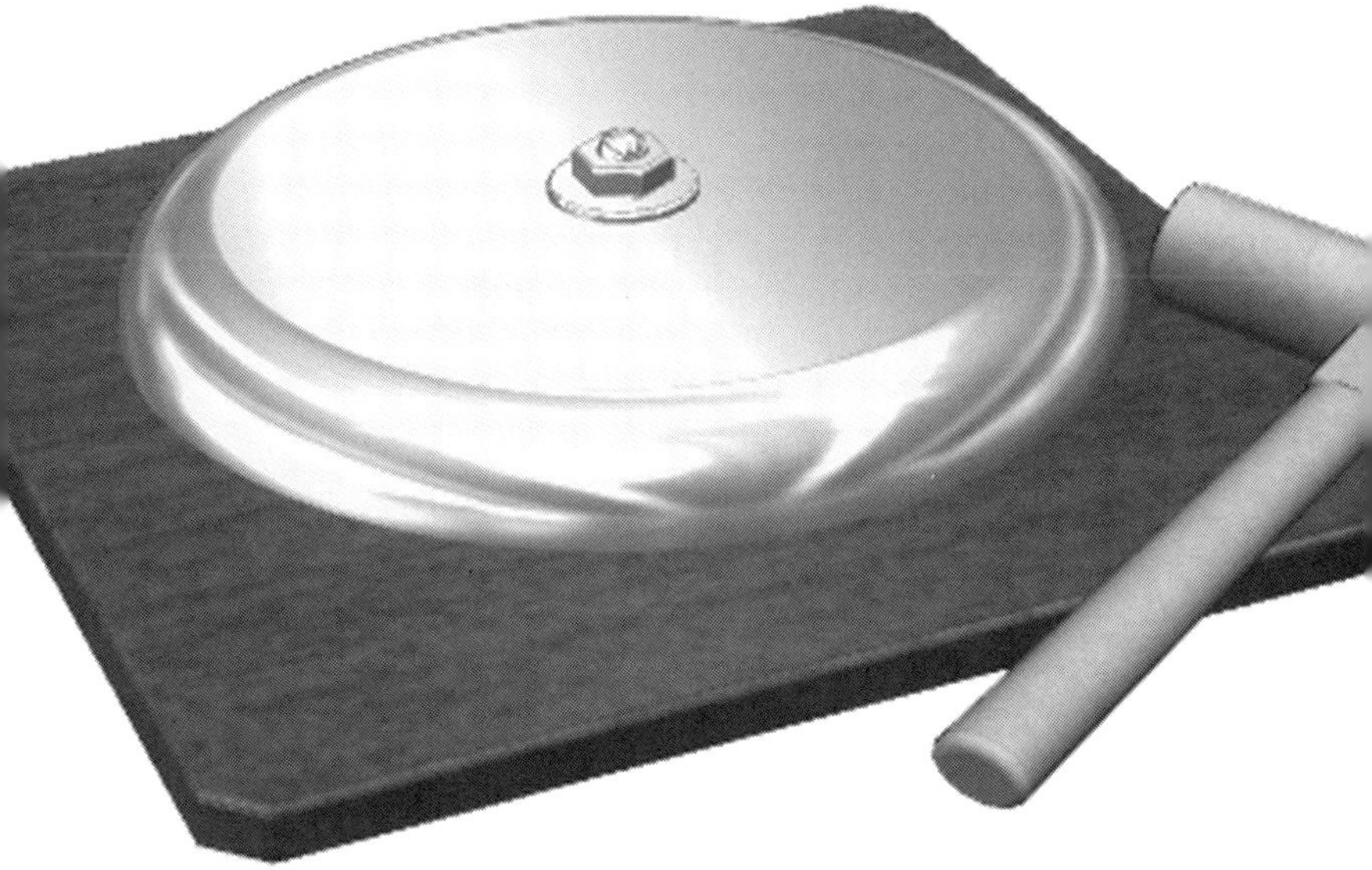

〝やってみなけりゃわからない〟精神が、我々にはある。多少の勇気が必要な場合もあるが、これ、大切な事だと思う。

これに加えて〝面白そうだからやってみよう〟精神が私にはある。ＹｏｕＴｕｂｅに上げた動画も、基本的にそういうものだ、あまり深い考えもないし、認められたい欲求からのものでもないので、批判・誹謗・中傷されようとも構わないと思ってやっている。

農作業鎌で試し斬りしてみたりもした。投げ上げたブルーベリーを斬る、なんていうのは、〝きっと無理だろう〟と思うよりも〝出来るんじゃねえか〟の方が先に立っていた。

くわえタバコはメッセージだ。一方的なメッセージなので、どう受け取られても仕方ないとも思っている。

思えば今のネットの社会は「承認欲求」というのか、やたら「いいね」を欲しがるし、同調する者をやたら求める傾向がある気がする。

今、「誹謗中傷」が社会問題レベルになっているが、裏を返せば、傷つきやすすぎる。そしてその背景にはやたら評価、肯定されたがりすぎる、というところもあるのではないだろうか？

やってないヤツがやった人間に何が言えるというのだ。私は基本的にそう思っている。やってからモノを言え。

4 自分への挑戦

わたしは試合にあたって、「右ストレートで倒す」とか「左ボディで倒す」とか予告するという事をよくやった。これはいわば自分へ課題を与えていたのだ。それが自分の成長につながると思っていた。

ただ勝てばいいとは思っていなかった。とにかく勝たなければならない、とも思っていなかった。勝負はやってみなければわからない。そして、何が起こるかわからない、それが真剣勝負というものだ。

私の師匠は「リングの上では10回のうち1回負けるくらいがちょうどいい」と言っていた。負けると「どうして負けたんだろう」とか「もっとこうすれば良かった」などと反省する。反省が成長につながる。しかし、勝った人間は普通は反省などしないのだ。

私は指導する立場に回ってからは、勝った選手にはあえてどなりつけるという事をやっていた。その方が成長できる。

完璧に勝ち進んでしまったら、どうしてもある種〝テング〟になってしまう。まあ、これも仕方ないのだ。こうなってくると、負けるのが必要以上に怖くなってくるかもしれない。自分の成長よりも、相手に負けてほしい、と思うかもしれない。こう考えると、どうにも不健全なようにも思えてくる。

敗北や挫折で、どうしても人は落ち込むものかもしれない。けれど、成長のきっかけがあるって、幸せな事なのではないか？

5　覚悟と言い訳

自分のやったことに対しては必ず自分に返ってくるだろう。つまり法律に触れなくても、何らかの報いが最後には返ってくる。

俺はどうだこうだって言ってても、それを判断するのは第三者だ。だから私はそこで死んでもいい。何も悔いのない、かえってそういう場所に行けることに意義があると思う。もし神様だとかってなんかいるとすれば、そういう、艱難辛苦って言えばかっこいいけども、そういう場に遭遇するような機会を与えてもらったってことはありがたいことと、私はそう考える。

急場、ピンチの時、どうしたらそこを切り抜けられるか瞬間に判断しなきゃいけない。それは今までの培ってきた時期、自分の生きざま全てが出る。ここに言い訳はきかない。

言い訳なんてのは、後でだったらいくらでもできる。でも私はそういう言い訳はしたくない。

世間一般にすれば、武道というものは崇高なものであるという。そうだろうか？　人を殺す技術ではないか？　かっこいいものでも何でもない。

涙や口から血出したり、下手したら小便漏らす場合もあるし、脱糞する時もある。そういうことを繰り返してやって、人間的に成長していかなきゃいけない。初めてそこに道というものがある。

一般には、はじめから崇高なる武道として見てしまうから、こんなのおかしいんじゃないかっていうことになってくる。当然だ。

私は普段着で試し斬りしている動画もアップしてみた。

今は羽織袴で歩いてる人なんていない。羽織袴でやらなければならない、という考え方の方が、どこかある種のコスプレみたいで違和感を覚えるのだ。そしてまたある種の言い訳をしているよ

うにも感じられるのだ。

刀にはちょっとした受け渡し動作にも作法がある。それをちょっと外すと「あんな刀の扱いはいかん」となるのだが、刀とは本質的に〝道具〟である。皆さんは、道具を、それぞれ扱いやすいように、扱うだろう。作法は、安全上の問題であったり、人に不快感を与えないように配慮したり、そういう意味のある理由があって、生まれたものだ。それがいつの間にか、それをやる者はやらない者より上、知っている者は知らない者より上、のようなマウントとりのアイテムのようになってしまった。

私は言い訳はしない。叱責を受ける覚悟もできているので、自分の目で物事の本質を見つめ続けていきたいのだ。

ルバング島で見つかった小野田氏は所持していた38式歩兵銃はいつでも発射できる状態、軍刀には錆一つなかったという。この上なく崇高な、〝道具〟への敬意を感じてしまうのだがいかがだろうか。

6 評価はご勝手に

YouTubeに動画をアップしたり、何かをSNSに公開したりすると、どうしても高評

価が欲しくなるところだろうけれども、私は実はどうでもいいと思っている。というか、そこをあがいたってどうしようもない。どうして高評価してくれないの、って主張したって仕方ない。
　結局これも武士道精神なんだと思う。武士の精神っていうのは、周りがどう判断しようが、自分の君主が危なくなったら、一命をかけてでも護り通す。それが世間的に高評価であろうが低評価であろうが、自分が為すべき事は自分の中で決まっている。
　ここにも覚悟が必要。でも、なんだか武士道とか覚悟とかいうと、ストイックすぎて辛い生き方のように思えるかもしれないけど、むしろ楽になるかもしれな

勇和会

いとも思う。ＳＮＳになにか書き込みをしたら、それに対する意見、賛同はないか批判はないかチラチラと気にし続けて、批判が殺到しようものなら落ち込んで、この次はもっとみんなの賛同が得られやすいものにしようと思う。なんて不健全なんだろうと思う。

評価など、勝手にさせておけばいいではないか。これも、何かを世に発信するという事の本質だと思う。皆がみな、賛同してくれる訳がないではないか。わずかな批判でも怖いなら、世に何かを発信するなんて、できる訳がない。

評価は第三者がするもの。どうぞご自由に、と思えたら、きっと楽になる。

そのうち、ネットの世界は大衆に媚びたようなものばかりになる。

あなただけはそんな世になっても、いつでも抜ける刀を携えておけばいい。

7　何が正しい？

とかく武術ほど、何が正しいだの正しくないだのという争いが盛んな世界もないのではないか？　リングの上なら決着もつこうものだが、試合もしない、立ち合わない武術においては、言ってみればなんでも勝手な事が言えてしまう。そんなせいもある気がする。

刀はこう持つのが正しい。いや、それでは居着いてしまう。間違いだ、など、流派の垣根を超

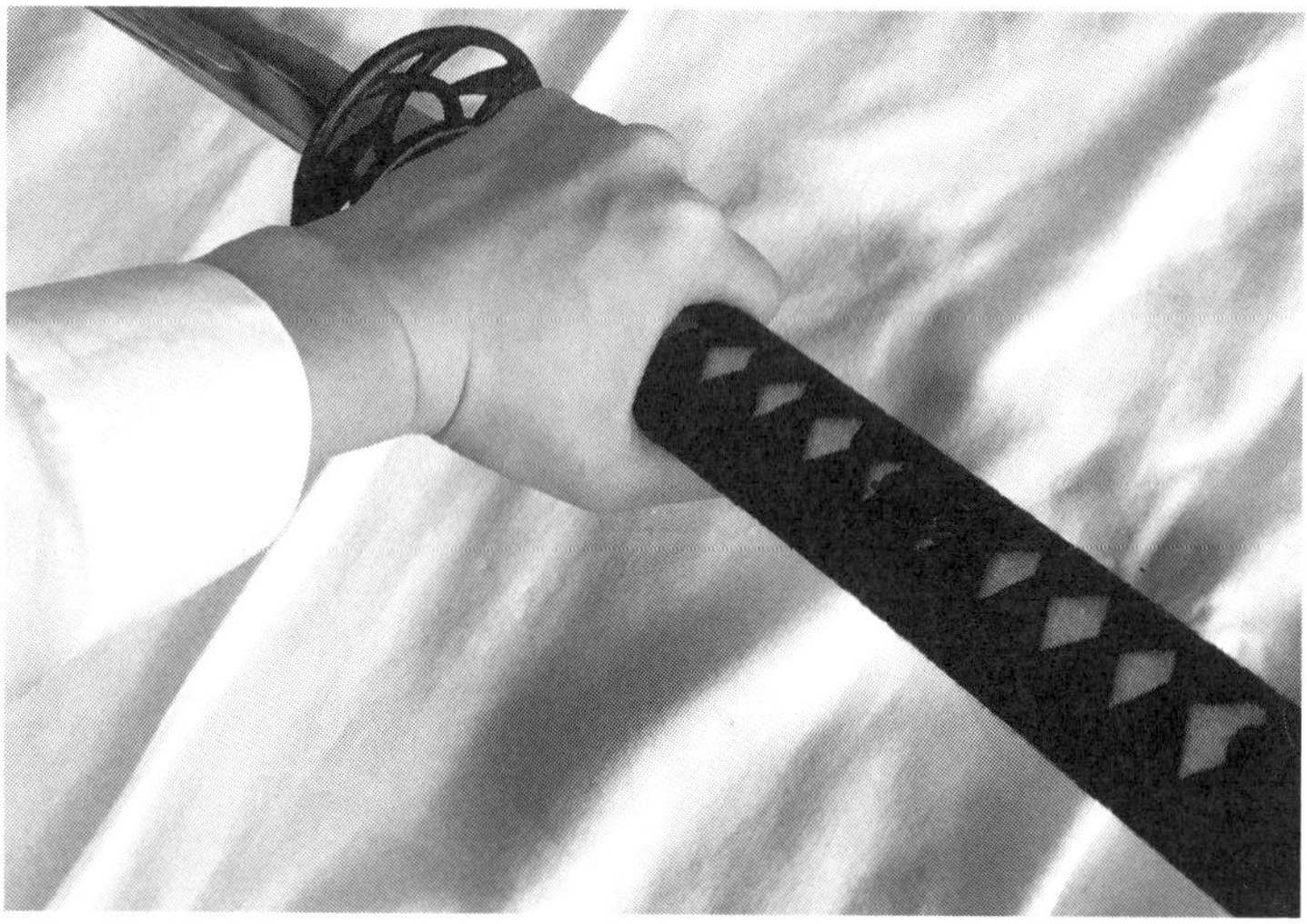

えて言い争われたりする。

「やってみる」類の人間ばかりの世界だったら、こんな事にはならない。実験、検証がすべての科学フィールドであれば、やってみてあっという間に白黒つくだろう。なんだったら、意見が対立している者同士が共同で実験検証するかもしれない。それは双方とも真の望みが、真の答えを知る事で、相手を言い負かす事ではないからだ。

本来は、武術において、「何が正しい」などは議論されないだろう。流儀が違えば技も術理も考え方も違う。よそはよそ。それでも何かはっきりさせたいなら、立ち合ってみればいい。

ところが、武術は立ち合わない世の中になった。これによって、本質を失いつつあるのが現状だ。

こちらの流儀では理解できない方法論で、打ちのめされてしまうかもしれない。「それでも間違っている」などと死に行きながら言っても無駄だ。

正しいか正しくないか論議は、武術においてはこの上なく不毛だ。強いか強くないか、勝つか負けるか、などとはまったく次元が違う。

武術自体よりも、相手を言い負かす術に長けている者もいる。ネット社会になって、ますますそういうのが増えてきた。

もっともらしく聞こえる、説得力ありそうに聞こえる論法というものは、確かにあるものだ。権威を利用したりすると、その説得力が盤石になったりもする。

バカばかしい。誹謗中傷も。根拠なき論がもっともらしく戦わされる論争も。

自分の理解を超えるものに出会ったら、「正しくない」と断じようとするする前に、「自分は間違っていたのかも」と一旦身に手を当てるのが武の道の正しい態度ではないか？　さらに言えば、そういうものに出会えてよかった、面白そうだ、などと思うといい。何から何まで、きっと楽しくなってくる。

どうも自分の意見が少数派になるのが怖い人が多いようで、思い切った事を誰も言わない傾向がある。少数派はそれだけで批判されやすくもある。

私は少数派でいた方がはるかに居心地がいい。

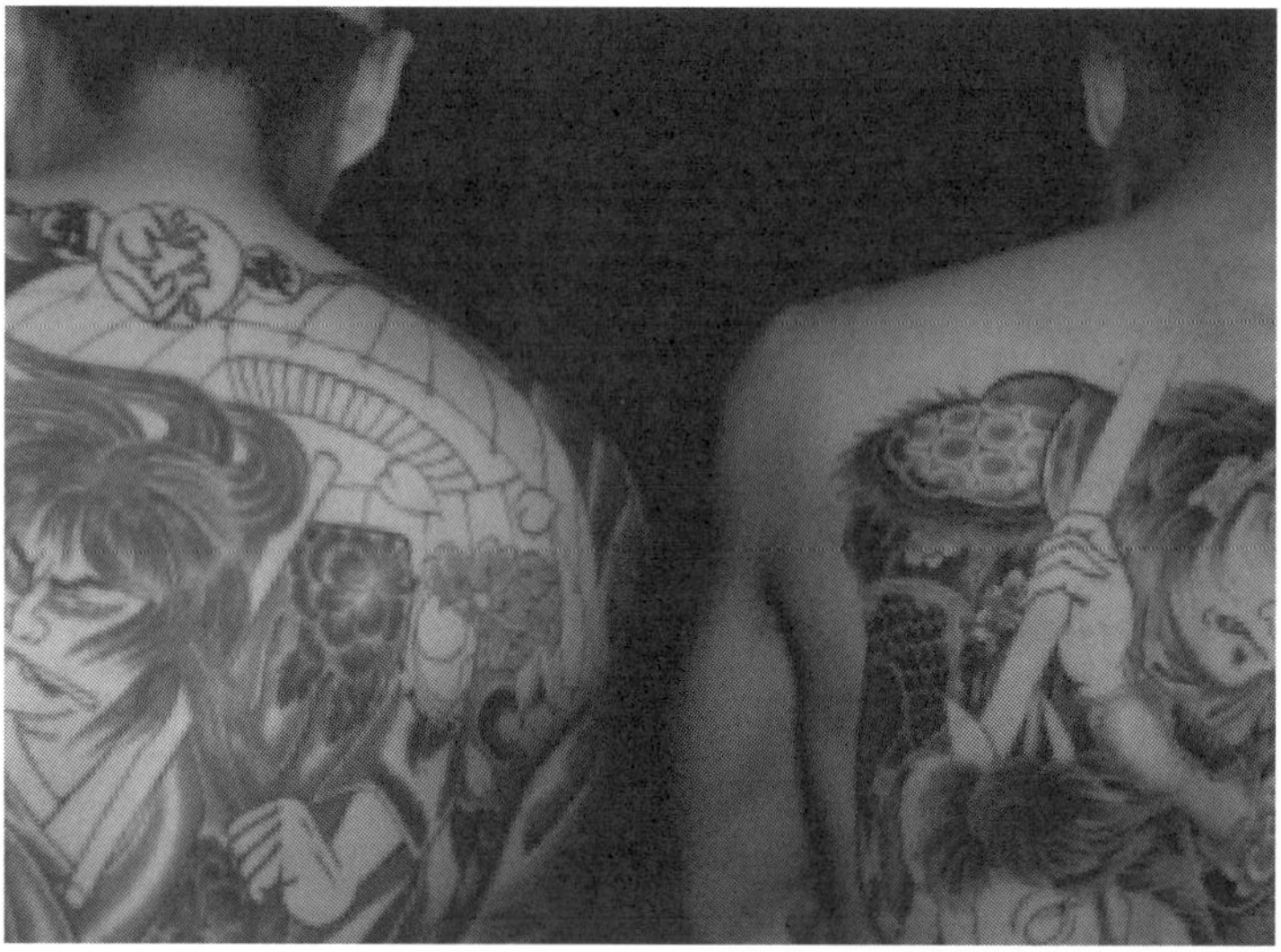

8 刺青のこと

刺青というものを随分気安く入れる時代になった。かつての刺青は普段は見えないところに入れるのが相場だったが、今は手とか首とか、見えるところにこれでもかと入れている。むしろ「もっと見て」と主張するかのように。

自慢じゃないが、先述のごとく、ヤクザの世界にいた私だが、刺青は一つも入れていない。同じくその世界にいた私の師匠も、山田辰雄先生も入れていない。

体に色なんか入れたって、中身は変わらない、と思っているからだ。

今の刺青はおそらく、カッコよく見られたい、強そうに見られたい、というモチベーションのもとに入れられているのだろうと思う。それならば当然、見えるところに入れるのも合点がいく。

しかし、刺青が入っている人間が強い訳ではない事を、私も師匠達もよく知っている。喧嘩の時でも、これ見よがしに刺青をさらす輩がいる。おそらくそれでビビると思っているのだろう。私は刺青を見せつけてきた瞬間に殴る事にしていた。

洋服の類だって同じだ。高価な服を着ている人間が高尚な訳でもない。髪型も、乗っている車も、化粧も、アクセサリーも、道着も、所属流派も、どこか「こういう風に見られたい」という意識が働いてチョイスされたものなのではないだろうか。

しかし、それはある種の甘えだと思う。人はそうそう見て欲しいようになど見てはくれない。刺青ごときで強そうだなどと判断するものか。本質を追究する人間ならば、誰でもそう判断するだろう。

本当に強い人間は、強そうには見せないものだ。本当に心のやさしい人間は、きっと作り笑いなんかしないだろう。

どう見せよう、どう見られたい、という意識すべてを否定するつもりはない。しかし、少なくとも武術でその本質を追究しようとする身であれば。見てくれなんかに意識を向けている場合ではないだろう。本質はそこにはない。

刺青を入れていても、真に心優しい人間もいる。それが見抜けるのが真の武術家だ。

9 形骸化していく何か

刺青の例を持ち出すまでもなく、我がくわえタバコの例を出すまでもなく、世の中はどんどん表層的に判断されていくようになっている。そのうち「型」をAiが見て真偽を判断する、なんていう時代がくるかもしれない。足の角度がどうだとか、刀の位置がどうだからどうだとか……

それはそれで、抗いようもない時代の流れなのだろう。しかし、そんな中にあって見失ってはならないと思うのが、やはり武術は殺人術なのだという事だ。正義も悪もない。そんな判断を第三者がするかもしれないが、そんな事は武術行使自体には関係ないからだ。正義と判断されようが、悪と判断されようが、行使せねばならないものは行使せねばならないものなのだ。

こういう所に真剣に向き合っていくと、表層的な形式にとらわれている暇はないはずなのだが、そこは平和に見える時代のなせる術なのか、どうも何もかもが形骸化の一途をたどっていくようにも思える。

武術の世界で多分に尊ばれているものに「権威」がある。確かな伝承のある、名流とされる流派か、正統な流れか、高段位か免許皆伝か、こういったものが度々判断基準になる。しかし、これこそ形骸化の最たるものだと思う。

いくら「権威」を与えられた人間であろうが、いくら「いいね」を沢山押してもらえた武術家であろうが、ひとたび立ち合えば、一太刀食らうだけでおしまいなのだ。そこで必死にならなくてどうする。「権威」も「常識」もかなぐり捨てて。

ただ、少しだけ踏みとどまって、考えてみるだけでもいいと思うのだ。武術の〝本質〟というものについて。

その時、見えてくるものがあるのかないのか。それはその時までに培われた感覚次第なのだと思うのだ。

10 嫌われ者の本質

弟子によく言う事がある。「ウチで稽古すれば必ず強くなれる。そして必ず嫌われるよ」と。

嫌われる事を恐れてはならない。それが武術追究の中での話ならば。

強くなればなるほど、少数派になっていく。強くなれないものは徒党を組んで多数派として〝決め事〟を拵えていく。いつしか少数派は〝悪〟であるかのような状況に陥る。

しかし、強くなって嫌われるのは実は〝悪〟だからではない。強くなれない者の恐れや嫉妬だ。

立ち合ったりもしないネットの世界ですら、誰もが多数派になりたがる。誹謗中傷を浴びせる相手を探している。集中砲火を浴びる者は〝悪〟にしか見えない。

ネットの誹謗中傷を浴びるのは辛いだろうが、どうか毅然とあってほしい。

弟子たちは、嫌われる覚悟をしてもらったら、もう、清々しい顔になる。

かく言う私も、当然ながら、嫌われている。しかしこんな事もある。

近所の人には、私は気のいいおじさん、位に思われている。近所の皆の目につくところに花を植えたりしている。皆がいい気持ちになるだろうと本気で思うからだ。

強さとは、本質的に決して敵を作るものではないと思う。私利私欲を実現するための強さならば、当然周りに嫌われもしようが、そんな事は微塵も思っていない。むしろ自分自身と戦い続けてきた結果の強さだ。人のために、役立つ強さだと思っている。それがあれば、表層的に一部の人間に嫌われる事など、怖くない。

武術とは、自分がどれだけ強いか、その強さを誇るようなものではない。自分よりも強い相手にも向かっていくものだ。奢りようもない。

私は弟子たちに、自分より小さい相手の時は向かっていくけど、自分より大きい相手の時は「あだめだ」と逃げ出すようじゃだめだと教えている。そこで奇跡を起こすのが武術なのだ。たとえこちらが相手より非力であっても、それをどうやって何とかするか、そこで奇跡を起こすのが武術だから。

「今までだったら逃げていたと思います。でも今回はやろうと思いました。」

「それでいいんだよ。成長したんだ。」

街を歩いてたら、おばあさんが歩いていて、よろけそうになったのをとっさに駆け寄って支えた。今までだったら見過ごしていたけど、無意識に体が動いて助けたんだと。それが武術なんだ。

その、支えた方ももう70際になるんだけど、無意識に体が動いたと。そういう事が起こるのが武術。この、とっさに動けるっていう所が武術なのだ。

こういう人間であれば、嫌われ者だっていい。それはきっと、嫌われてない。

第6章

高みに昇る秘訣

成長、上達の秘訣というものを人に訊こうとするとき、その人はどこかで〝手っ取り早く〟成長、上達したいと思っている。手っ取り早そうなものほど手っ取り早くない事も知らずに。

1 師に恵まれる

人が、どこまで高いところまで行けるかは、その人の才能とかよりも、どういう師につくか、というのは重要なファクターな気がする。

私は師に恵まれたと思う。

山田侃先生からは、〝強さ〟を授けられただけではなかった。とにかく本や新聞を読め、と教えられた。

時間を惜しんで本を読んだ。腕立て伏せやバーベル上げをしながら読んだ。

トレーニングをしながら、勧められた蒋介石の本を読んだ。それは、全然頭に入ってこなかった。という事もあるにはあったが、とにかく。この隙に2行でも読める、そういう意識で読みまくった。単に情報を得る事ができたという事もさる事ながら、〝物の見方の多様性〟が身についたような気がするのだ。これは、大事な事だ。武術や〝強さ〟の追究にも、関わってくるものだと思う。

先にも記したように。私は基本的に、師から言われた事は、まず全面的に素直に実行するのが正しいと思っている。やってみなければ、何もわからないし言えない。そして、そのまま、疑いもたずやり続けろ、というのではない。自分は何のためにこれをやっているのか、考えるのだ。これがなければ、成長はないと思う。

ここに入門さえすれば強くなれる、この学校に入学さえすれば一流の人間になれる……これは幻想である。

大学まで行けば、並以上の教養を身につける事ができる……実際そう判断してしまう人は多い事だろう。

道場、学校に入って、自分で考え考え歩んでいくヤツは必ず成長する。逆に言えば、入ってしまう事で安心しきってしまう人間の何と多い事か！

必要なのは情報ではない。〝物の見方〟だ。

今はかつてよりもはるかに大量の情報が手に入るようになった、と一応なっているが、見回せばどうだ、皆似たようなうわべの情報をつかまされて、似たような事しか言えないヤツばかりではないか？

「良い師に恵まれる必要がある」と聞いたら、次の質問は「誰が良い師ですか？　紹介して下さい」だろうか。その前に、何が自分によって良い師なのかをぜひ考えてみていただきたい。

2 死ぬまで進化

私は「稽古」というものは死ぬまでやるものだと思っている。スポーツなんかの「練習」は若いうちとか状態のいい時だけやるもの。

スポーツは、歳をとって身体能力が衰えるとともに下り坂になっていく。これがもはや今の常識になっていると言える。

でも、武術というものは不可能を可能にするものだと思う。

昔の武将だって、加藤清正だって伊達政宗だって、40、50の当時にしてみたら寿命かっていうくらいの年齢でも、自ら戦えるくらいの強さを備えていた猛将は何人もいた。それを今の人が体現できない訳はない。よその批判ばかりして、それは逃げてるんだと思う、歳とって肉体が衰えてくると、理屈に逃げるようになる。でも、そうじゃなくて、挑戦しなきゃだめなんだ。挑戦しようという気持ちが大切だと思う。

肉体が衰えてくると、身体の使い方うんぬんの方に行ってしまう人は多いと思う。そこに着目する事自体はいい事だと思うけど、多くの人は的外れだと思う。それは、自分が今ある、その関係でしかものを考えてないから。

人生100年時代なんて言われてるけど、まあ、80年でいい。今50歳の人間が80になった時に、どんな事ができるか、どんな事が言えるか。そう考えると、自ずと進化していく事になる。

3 面倒臭い事が自分を強くする

昔は、毎朝ロードワークを最低6キロやっていた。やっぱり、山田先生のところでは、そういう基礎をしっかりやっていたから強くなれたんだと思う。

走っていると、それだけで、腹筋、背筋も強くなる。上体がブレないように支えているってそういう事なので。

まあ、スポーツの世界でも本気で高いところを目指す世界ではその大切さを知ってるから、ロードワークのような事もやるけど、これだけトレーニング・メソッドが多様化してくると、どうしても楽で効率いいものを、という方向に行ってしまうんじゃないかと思う。

巻藁を突く。突く瞬間には背筋を使う。返されないようにするためには腹筋も使う。巻藁を突くだけの行為で、実は腹筋も背筋も鍛えられる。けれども、もしもっと効率よく拳を鍛える方がいい、と考えるなら、寝ながらでも使える拳鍛えマシン、みたいなのが開発されるかもしれない。

実際、低周波みたいなので、着けてさえいれば、テレビ観ながらでもかってに筋肉を働かせてくれるマシンみたいなのは普及し始めてるけど、その効率化によって失っている部分はきっと少なくないんだと思う。

とにかく手っ取り早く痩せたい、みたいな人にはああいうものもいいんだろうと思う。けれどもそれとて、何か大事な部分を欠落させてしまっているような気がして仕方がない。

面倒臭い事が、実は自分をとても強くしてくれるものなんだろうと思う。たとえ効率が悪そうであっても。そういう意味でも、師のいう事は素直にそのままやる、というのが大切なのかもしれない。

昔よりも今の方が栄養状態はいいし、一見、体格もいいかもしれない。でも、たぶん〝地力〟は今の方が劣ると思う。それは、昔は農作業がトレーニングになっていた、なんていう事がたくさんあったから。もちろん、機械がないとか、そういう状況的な必要性があっての農作業なんだけど、もう、そういう農作業を一日中やってたりする。今はトレーニングは金出してやらなきゃならないけど、金出して一日中トレーニングやってる人間なんて。いないと思う。

そういう、しなきゃならない必然からひたすらに積む修練が培ってくれるものって、すごい力になるんだと思う。

4　自分を押さえつけているもの

師匠から聞いた辰雄先生の話だが、家に帰ってきて飯食って風呂に入ってから、「今日は自分に負けてなかったか」「自分の今日の稽古で自分に負けてなかったか」という事を常に問いかけていたという。あの時、俺はもう1回腕立て伏せできたんじゃないか、という風に問いかけて、もしかしたらもう1回できたかもしれない。あれは俺は自分にも負けたのかもしれない。そうなると、悔しくて寝れない。寝れないから起き出して、1時間ぐらい走って、そうじゃなきゃ寝れなかったという。

私もこういう事があった。師匠から言われてやっていた腕立て伏せを1回、やめたのだ。それでも、師匠が見ていて、鈴木。お前な、今、首に日本刀を突き付けてお前あと10回やらなかったら殺されるって言ったら、お前はできるんだよ、それが必死の力なんだ。自分ができないと思ってるのは自分が自分にブレーキをかけているんだ、と、そういう風に言われた。

結局すべて自分との戦いだから。例えば、5、6人で号令かけてやるとみんな50回ぐらいやっちゃう。みんなね、浅くやったり、数をやる。

トレーニングを数に代替させてしまう。回数はノルマであり、辛いトレーニングのとりあえずのゴール。

でもそうではなくて、本質的に大事なのは自分の体に効いたか効かないか。そうすると、実は数の方は関係なくなってしまうのだ。

回数うんぬんでなく、限界近くまで自分を追い込める人間は、必ず強くなれる。

5 感覚を養う

先に〝感覚〟の話をした。激しく動き回る相手を打撃にとらえるのも感覚、銃で動物をとらえるのも感覚、200キロで飛んでくる球を両断するのも感覚。しかしこの〝感覚〟、漠然としていた掴みどころがない。果たしてどうすれば養われるのか？

一番安い稽古の方法ってのは料理だと思っている。料理の食い方、味覚が稽古になる。

味覚の分からないヤツは強くならないと思う。師匠もよく自分で料理作っていた。親父もよく作っていた。

怒った状態で作る料理は、まず例外なくダメだ。

料理を作る、という行為において、鑑みなければならない要素は想像以上に多い。

匂い、色の変化、煮える音、弾力、そしてもちろん味……五感をフル動員してもまだ足りない

くらい、感覚を働かせなければならない。その結果として、あの例の〝感覚〟が表出してくるような気がしないでもない。

処理せねばならない、膨大な情報量も重要な要素なのではないだろうか？

最近ではメールのやりとりだけで付き合ったり、結婚したりする男女も珍しくないようだが、ご年配の方は心配になってくるだろう。メールだけで大丈夫なの？と。

メールに比べ、手書きの手紙ははるかに情報量が多い。紙、筆記具の選び方、インクの色、筆圧、文字並び、改行の仕方、さらには便箋についた汚れ、匂い、これらのことごとくに書き手の思い、意思が表出し、それらすべてから受け手は読み取るのだ。

しかし昨今、このコミュニケーションに介在する情報が簡略にされる傾向が著しい。煩わしいのか、対面するのを嫌がる。

対面の情報たるや、誇張でなく、とてつもなく膨大だ。体臭、視線、息遣い。肌触り、力み具合、表情、声色、言葉の選び方とリズム、瞬きの頻度、しぐさ、顔色、姿勢……

武術における情報も実は膨大だ。

例えば想定敵、人間はあらかじめこれを頭の中でシミュレーションする事ができる。こんな構えで、こんな風に攻撃してきて、それをこう受けて……などのように。

しかし、実際に一人の人間と向かい合ってみると、その情報量の膨大さに、シミュレーションの稚拙さを思い知るのだ。

師匠が私に喧嘩を奨励したのも、道場では味わえない、この膨大な情報を処理する感覚を養わせたかったのではないだろうか。型稽古とも約束組手とも違う、実戦の情報量を。

そしてその膨大な情報処理に追われる中で、初めて達人技とも言えなくもない、高度な武技を実現する〝感覚〟が養われてくるのではないだろうか。

6 テクニック、フィジカルを超えた力

ボクシングは相当の歴史があるが、昔のチャンピオンと今のチャンピオンを戦わせたらどちらが強いのか、という事は、誰もが一度は想像するところだろうと思う。

その競技の中での技術は、間違いなく今の方が上だろう。しかし、突き詰めていったところの〝強さ〟は、ヘビー級ならばどうしてもモハメド・アリに行き着くような気がするのだ。

技術もそうであろうし、身体能力も、きっと今の方が上なのだろう。しかし、だから今のチャンピオンが勝つ、とは手放しには思えないのだ。

野球の世界では今は大谷選手がスーパースターであり、テクニックもフィジカルも史上最高峰なのだろう。とは言いつつも、王選手のホームラン世界記録がいまだ破られていないのも事実だ。

また例えば、投手なら沢村栄治の強さは、少し次元の違うものを感じるのだ。

沢村は選手としての現役時に戦士として戦地に赴いている。その際、手榴弾を遠投する能力を発揮し、部隊を大いに助けたという。常人の倍の距離を投げるのだ。もはや違う武器だと言った方がいいだろう。彼は戦地に行っても強かった、という事だ、
おそらく、沢村は戦争が終わって選手に戻った時のことなど想像もせずに、全力で手榴弾投擲に臨んだのだろう。必死の力、と言えるのかもしれない。そういうものが出せる人間は、例外なく、いざという時に想像を超える力を発揮する。それは、テクニックもフィジカルも超えているのだ。どんなに高尚な技術を身につけていても、いざという時にブルッてしまったら何もできない。だから大事なのは、〝今〟じゃないかという事。〝今の自分〟に勝つためにはどうしたらいいかという事を考える。私はそんな風に心がけている。

必死の力っていうのは火事場の馬鹿力であって、瞬間的には誰でも出せるもの。それを常に出せるように稽古しろという事。

100の能力があったら、100以上使えという事。余力を残して帰るなという事。そういう稽古が大事だと思う。

7 遅い達人技

相手のパンチをギリギリかわしてカウンターにとらえる、などという場面がある、こういう時、ある見方からすれば「よく間に合ったな!」という驚きから、目にも止まらぬ早業のような印象なのだけれども、実はこういう時の私の動きは「ゆっくりに見えた」という事がよくある。実際、動き自体が速い訳ではないのだ。

動き出しが早いのだ。つまり、読めているという事。見切れている、という事なのだ。

昔から弟子によくやっている遊びがある。「本気で俺に何かで殴りかかろうとしてみろ」とやる。次の瞬間、弟子が動き始める前に行ってってやる。「右」。

だいたいいつも当たっている。相手が何をしようとしてきているかが、早い段階で見えるのだ。予備動作、ではない。まったく動き始める前だから、視覚情報分析ではない。いや、それも含むのかもしれないが、とにかく五感、六感総動員の結果だと思う。

こういうのは〝超能力〟扱いされがちだが、そんな大そうなものでもない、誰でも持ち合わせている、誰もが発揮できるものだ。

歳をとっても達人なのは、身体能力が衰えないからではない。運動スピードはどうしたって若者より劣る。それでも先んじられるのは、この感覚があるからだ。

思えば、この感覚は用心棒時代に大いに培われたような気もする。先にも記したように、用心棒は、危機察知ができないと仕事にならない。

普段の稽古でも、こういう感覚を培っていく事を意識するのは大事な事だと思う。

〝予定調和〟に甘んじていると、決してこういう感覚は養えない。のんべんだらりとやっている稽古で何かが培われるよしもないが。

8 環境によって生み出される武術

ボディーブローは、いいとこにヒットさせられれば、相手を悶絶させる事ができる。しかし、もし服を着込んでいたら……と思うのだ。寒い季節、何枚もの厚着をしていたら、どんなに威力ある打撃でも、そうそう効かせられるものではない。

そういう環境では、打撃を選択しようとは思わないだろう。掴んで倒したり、極めようとするはずだ。

日本本土の古流武術に打撃系が少ないのはそういう理由だと思う。比べて沖縄はどうだろう。あんな風に薄着だと、打撃が手っ取り早くなる。空手もそうだし、沖縄はボクシングの名選手を何人も排出している。〝殴る〟風土なのだ。

条件、というものは大事だ。武術はこの〝条件〟によって生まれている。

打撃もグラウンドも、全対応型のMMAは最強か？　格闘技の世界では、きっとMMAが実戦、喧嘩に一番近い、役に立つ技術体系だと思われているだろう。しかしある時、こんな事が起こった、MMAの選手が2人を相手に喧嘩して、メチャクチャにやられた。一人にタックルして、どうにかしようとしている間に、もう一人にやられたそうだ。当然想定できる事だ。しかし、自分の能力を過信していると、その状況が見えなくなる。その瞬間に本当にすべき事がみつからなくなってしまう。

その時その時の条件を無視した技術やら強さやらなどでは、何の意味もないのだ。リングをお膳立てしてルールを揃えて、という風に条件を限定していけば、その限定条件下での技術は確かに発達する。しかし、あくまでそれはその限定条件下のものである事を忘れてはならない。

その瞬間の条件を瞬時に読み取る事の方がはるかに大事だ。本当に何をすべきかは、その瞬間その瞬間によって違う。武術とはそういうものだ。闇雲に胸板を厚くしたり、腕を太くしたりしさえすれば強い、などという幻想からはそろそろ卒業した方がいい。

9 力でないものを求める

武術において「最強は20代である」などとは、むしろ聞いた事がない。

誰もが知っている通り、筋力は普通ならば20〜30代でピークを迎え、後は歳とともに下降の一途を辿る。戦いが筋力で行われるものだったら、かつての時代とて、若者が最強、と考えてもおかしくはなかったろう。実際、体が大きく筋力の強いものが小さくて筋力の弱い者を制してしまう場面はあったろうと思う。今の感覚ならば、間違いなく筋骨隆々な者が勝つ。小さい者が大きな者を制すなど、不可能だ。

しかし、不可能を可能にするのが武術である。

我々はこんな稽古をしている。

仰向けになって、腕を伸ばしてペタッと床に着けた状態にする。その片腕を人に押さえつけてもらう。

いわば、最も腕の力を働かせにくい体勢だ。押さえつけられた腕を持ち上げるために、筋力でないものを使え、という前提条件を突きつけているのだ。

ここから手を上げる。上がるはずのない手が上がる。

筋力運動をしようとすれば、この手は決して上がらない。だから、若い人ほどこれは上がらな腕の力など使いようもない状態に身を置く事が稽古になる。上がるはずのない手が上がり、体勢を崩させる。それこそが武術の起こす奇跡。

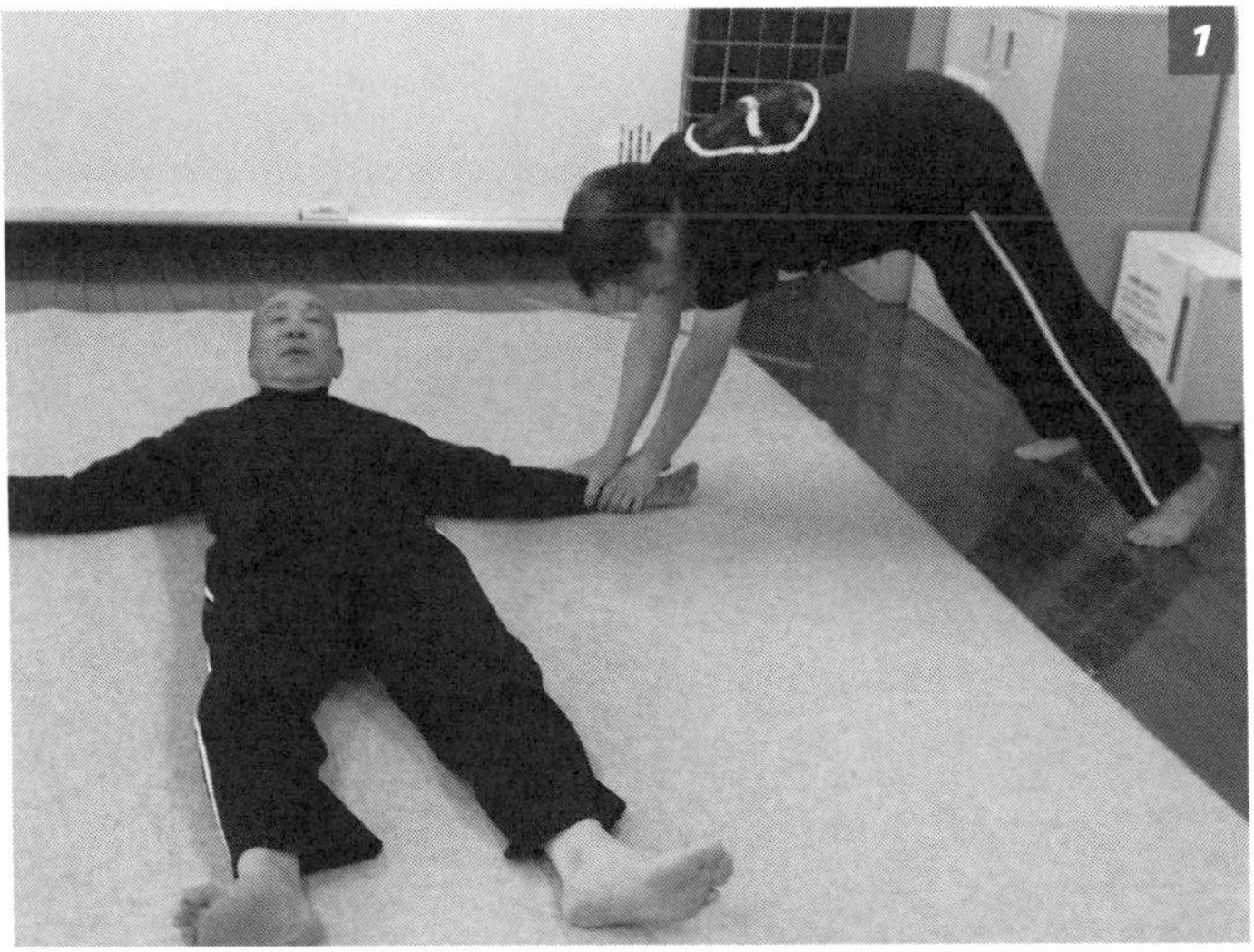

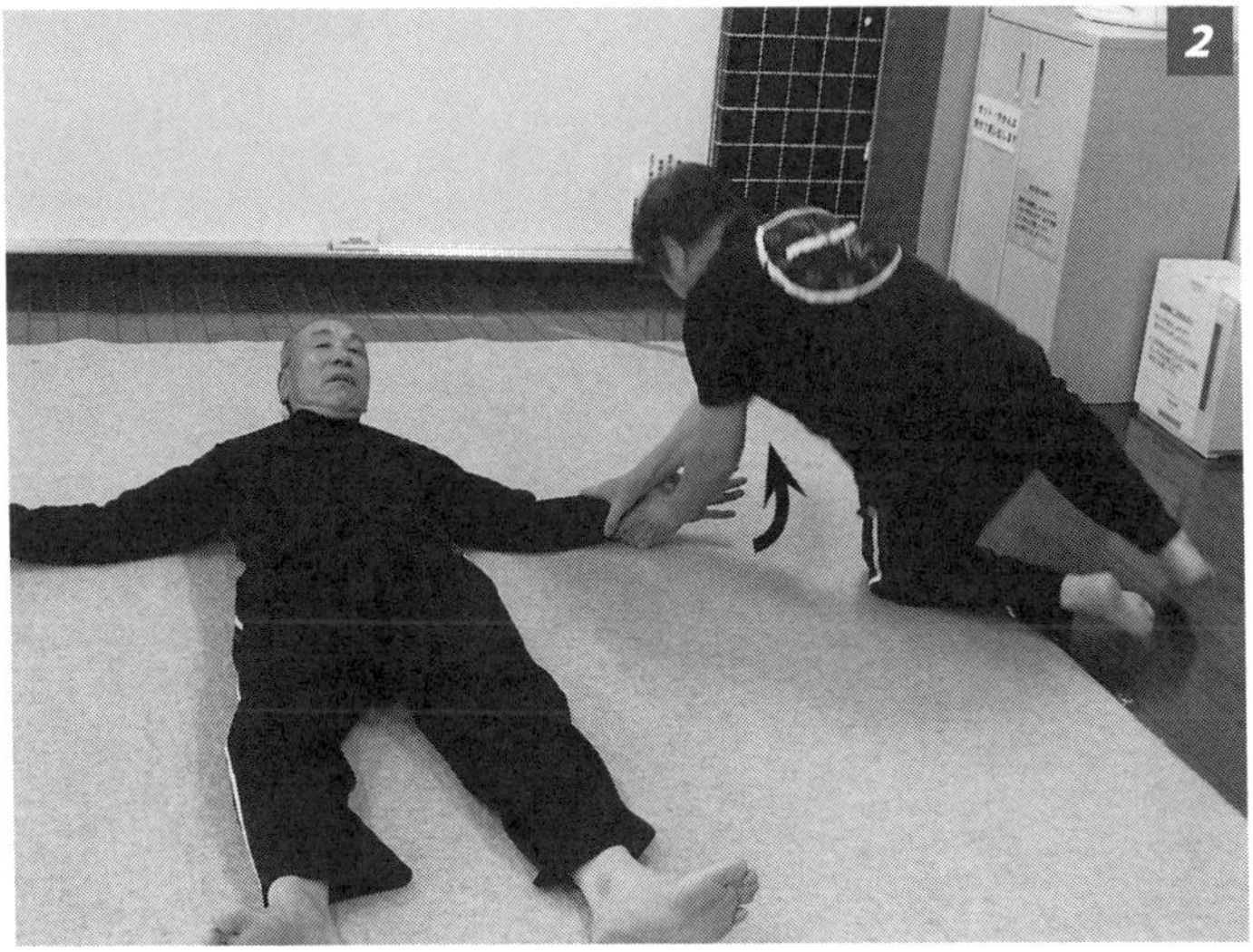

体重をかけて押さえつけられた手を上げる。手先を上げようとすれば上腕二頭筋稼働になるが、そうではなく"肘"を使うのがポイントになる。

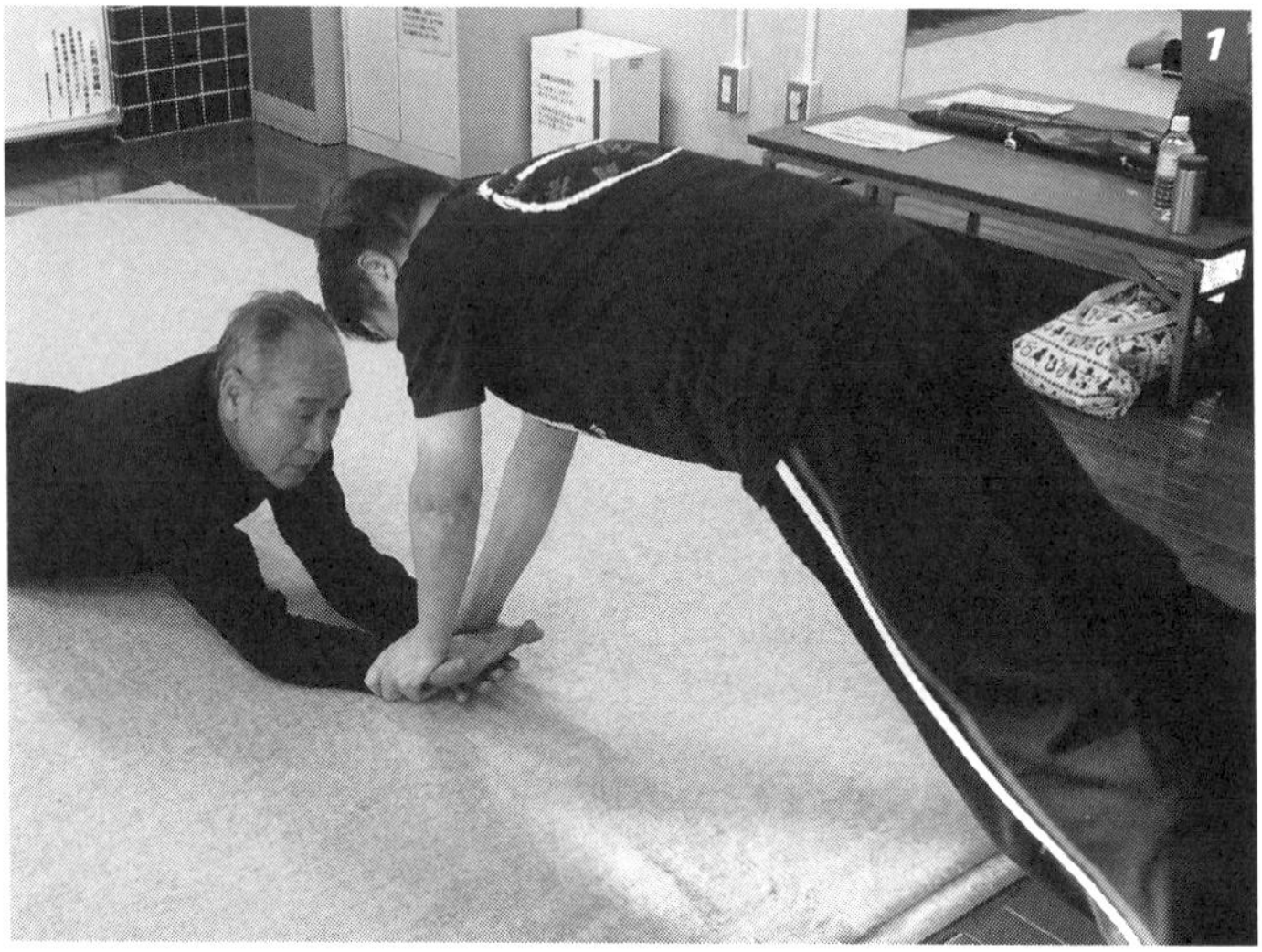

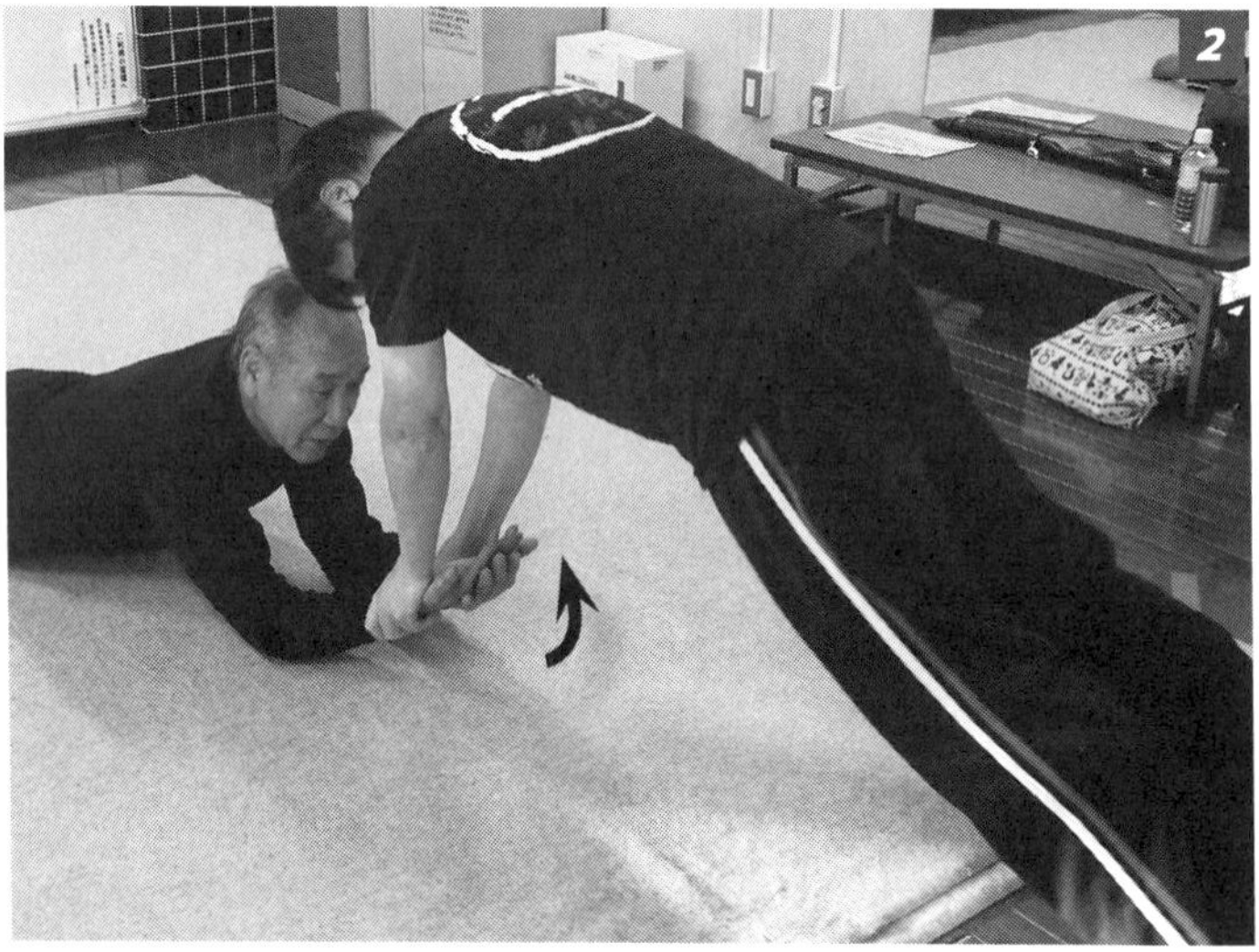

い。筋力運動しか念頭にないからだ。それともう一つ、多くの人は抑えられた部分を上げようと、そこに力を入れてしまう。上げたい部分がそこなのだから無理もないのだが、あえてそうしない方法に活路はある。

これらにはちょっとしたコツがあって、そのコツを見えないように行っているだけの事なのだ。しかし見ている者にはものすごく特別な力が発生したように映る。

端的に言うと、力を入れるとできないが入れなければできる。現代のスポーツ運動力学とは逆なのだ。

けれども、人間の体としては、至って当たり前の事なのだ。西洋から筋肉概念とか運動理論とかが入ってきて、日本人の体自体も変わってしまった訳ではない。上がるはずのない物が上がる光景に、若い人は「そんなはずはない」と思う。そう思わせているのは先入観だ。

若い人はそれしか知らない、そういう先入観だが、年配者は年配者で「ずっとそう思い込み続けてしまった」ゆえの凝り固まった先入観というものも存在する。

いずれにせよ、武術は先入観からの脱却を大きな課題として持っている。

これは、ある意味簡単な事かもしれない。筋トレで体を倍に膨らませようとするよりは。

10 分業制の弊害

今は、打撃系の選手はMMAに対応するため、柔術、グラップリングを学ぶ。グラップラーは逆にボクシングを学んだりする。

いろいろ種類のある武器を買い揃えていくかのように、付け足していくのだ。

「技術」と考えるならば、こうなっていくのは必然だ。打撃の技術と柔術の技術は違う。両方できるようになるためには、両方それぞれ学ぶしかない。

しかし、我々はここのところを「技術」というよりは「体の使い方」として修練している。

例えば、相手が差し出した手の甲の上に、掌を乗せる。基本的にはそれだけ。これだけで、相手はその手が離せなくなり、結果として体をコントロールされてしまう事になる。

これは「合気」と呼ばれるものの中にもあるだろうし、相手に刀を抜かせない柔術的技術であったり、剣術において「続飯付《そくいづけ》」と呼ばれるような、刀と刀を接触させた状態からまるでくっついているかのように相手をコントロールしてしまう操作であったりと、これらはもう、武術の種類によらず、共通項的に存在していたのだ。別個の技術、ではない。

力ずくでホールドしようとすれば、相手はむしろ逃げるのが容易になる。柔らかく沿わなければならないが、軽過ぎればもちろん相手は自由に離れてしまう。この加減は、剣ができた人間な手の甲に掌を乗せているだけのようなのに、相手はその手が離せない。こういう体の使い方は、刀を抜かせないためであったり、相手をコントロールするためであったりと、さまざまな形でかつ共通のものとして存在していた。

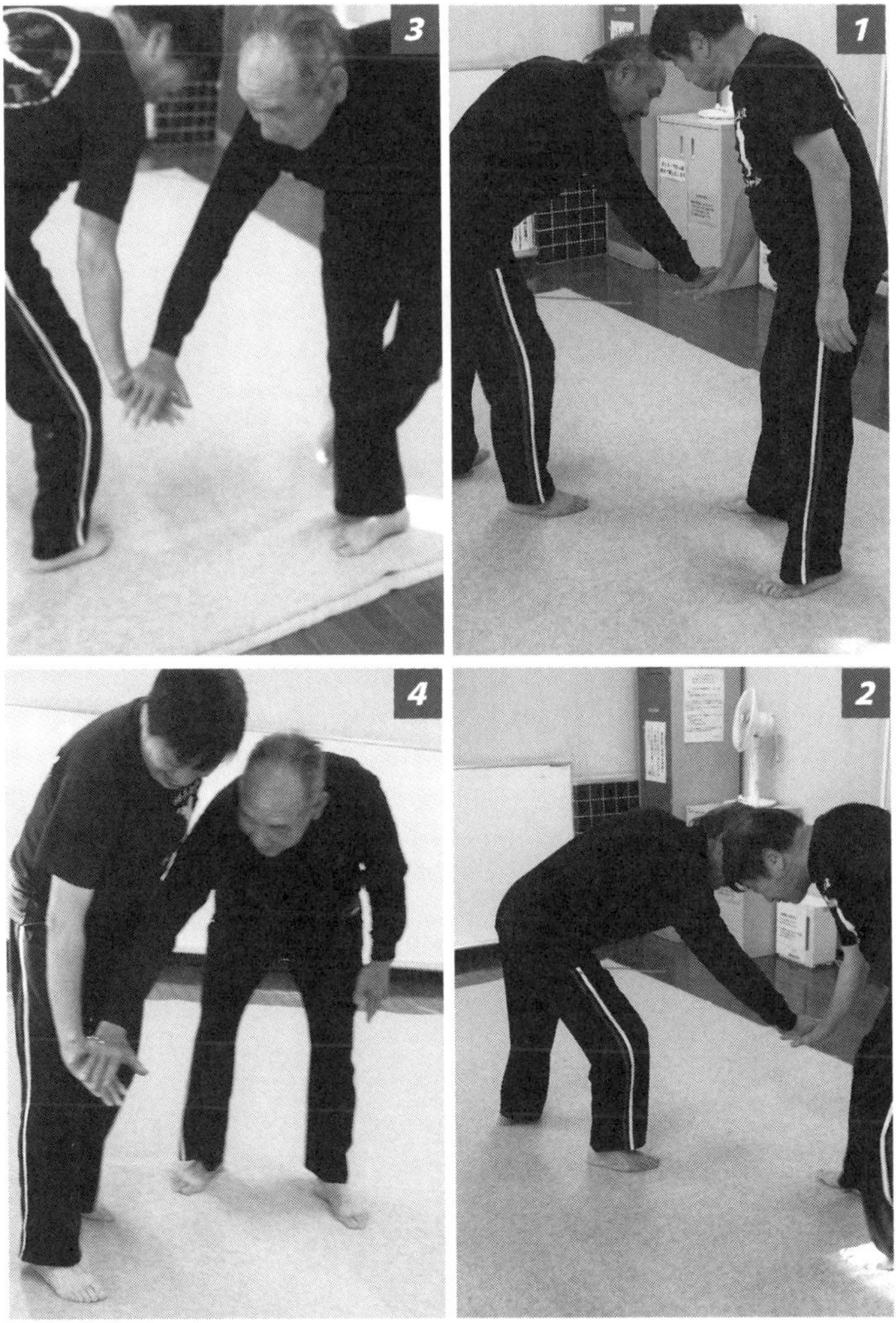

ら柔術としてもできた、というのが当時の武術だったのだろうと思う。

剣術ができれば柔術もできるのだ。個々、別個の技術として考えると、学ばねばならないものはあまりにも多くなるが、何かを突き詰めたら、他もきっと当たり前のようにできたのではないかと思う。技ではないし、形も決まっていない。

ところが、時代が下るにつれ、分業化が進んだ。武術の身遣いを技術ととらえ、細分化も進み、バラバラに身に付けなければならないものになった。この時、一番大事なものがこぼれ落ちたのかもしれない。

武術の本質はおそらく「手をこうやって、足はこの角度で…」などととらえるべきものではないのだ。

11 何を見取れるか

何を学ぶにしても、師の示すものを見て、それを真似る、という形がまずは多い事だろう。説明付きでやってくれる親切な師ならありがたいが、大体の場合、そんな事はない。自分の目で見て、自分で掴み取らなければならないのだ。だからこの時、見て、何を読み取るかは大問題になる。

こういう事を武術の世界では「見取り稽古」と呼んでいるが、先の分業化によって、ここの「見る目」というものが、変わってしまったような気がする。

おそらく人間というものは誰でも、初めて見たものを、自分の知っているシステムに当てはめて解釈しようとする。ここで大概の場合、大きな間違いが起こる。武術の世界において、師が示す体動が、自分の理解できる範囲内のものであるはずがない。

例えば、片膝立ちになって、前に出した自分の足の上に手を置いて、相手に押さえつけてもらう。その手を上げて相手を崩す、という事をやる。

これを見て、何をどう見取れるか。

本当は違うんだけど、これを「前腕を捻る動作」と見てしまうと、肘に支点を作って、当然ながら筋力を使って前腕部を動かそうとしてしまう。でもこれは、筋力でやろうとしてしまうと、絶対動かない。

もう、肘に支点を作る事自体が、筋肉を使う準備だから、こう思い込んでしまったら絶対にできない。そこで「筋力を使うな」と言われても、筋力を使わないと何も動かない、という事になる。

この動きにはポイントとしてはいくつもあるんだけど、その一つが「支点を作らない」という事。結果として、相手の力がだんだんずれていくような、ぶつかりが生じないので筋力を思いっきり稼働させなくても簡単に動かせる。ます、このポイントを抑えると、それを実現する方法は一つではなく、その瞬間、自分なりの方法というのも存在する。今見た師匠の動きと多少違って

「前腕を捻る」と解釈した再現

肘を支点に、筋力を使って前腕部を捻る運動をしようとすると、ぶつかってしまって動かない。

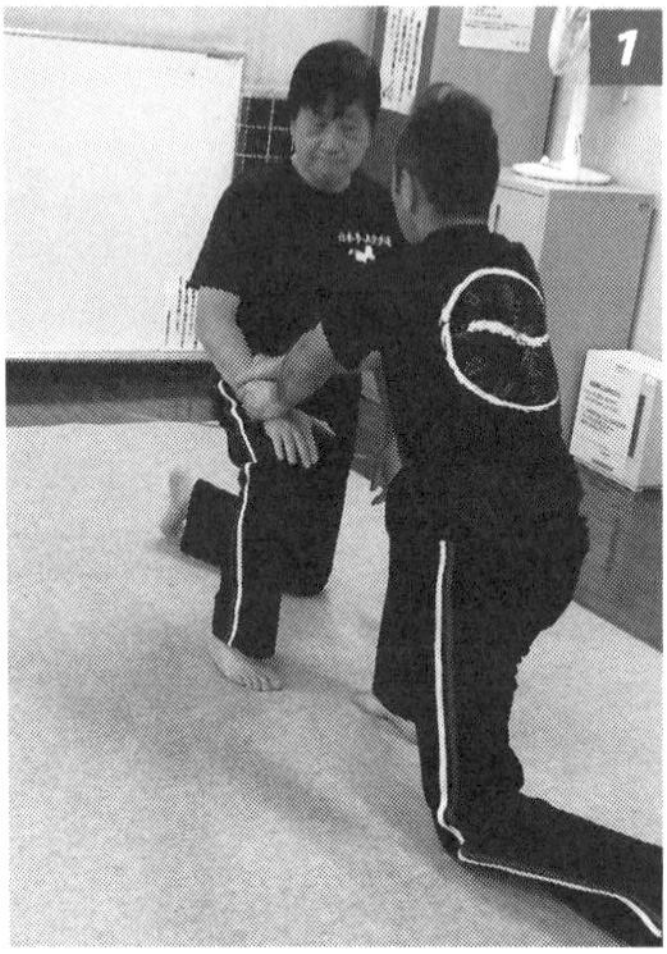

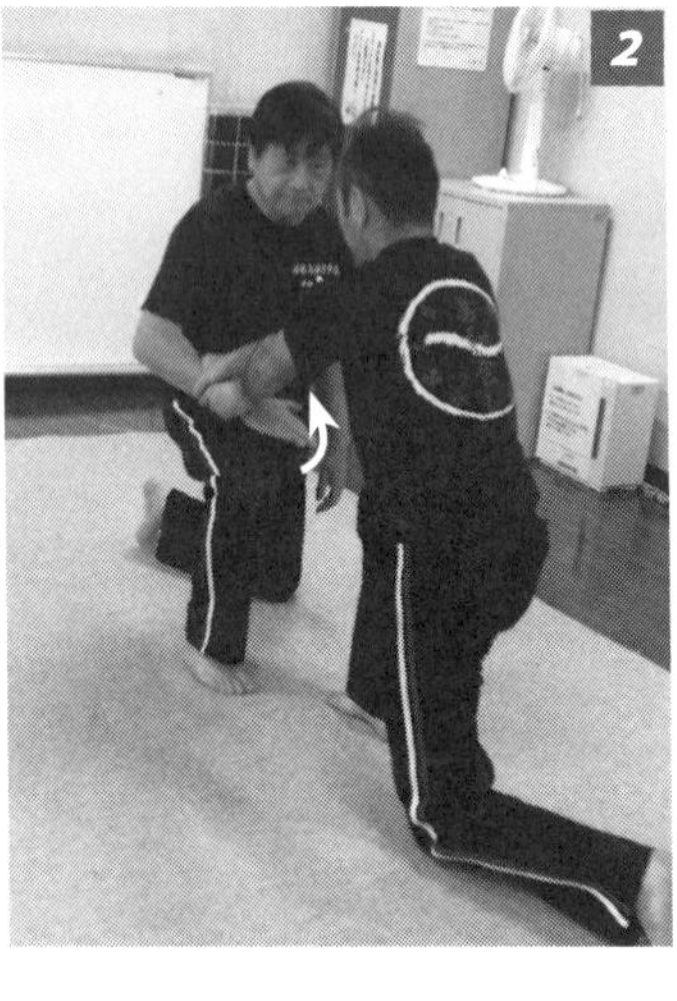

師の手本

片膝立ちで腿の上に置いた自分の手を押さえつけてもらい、その手を上げ崩す。

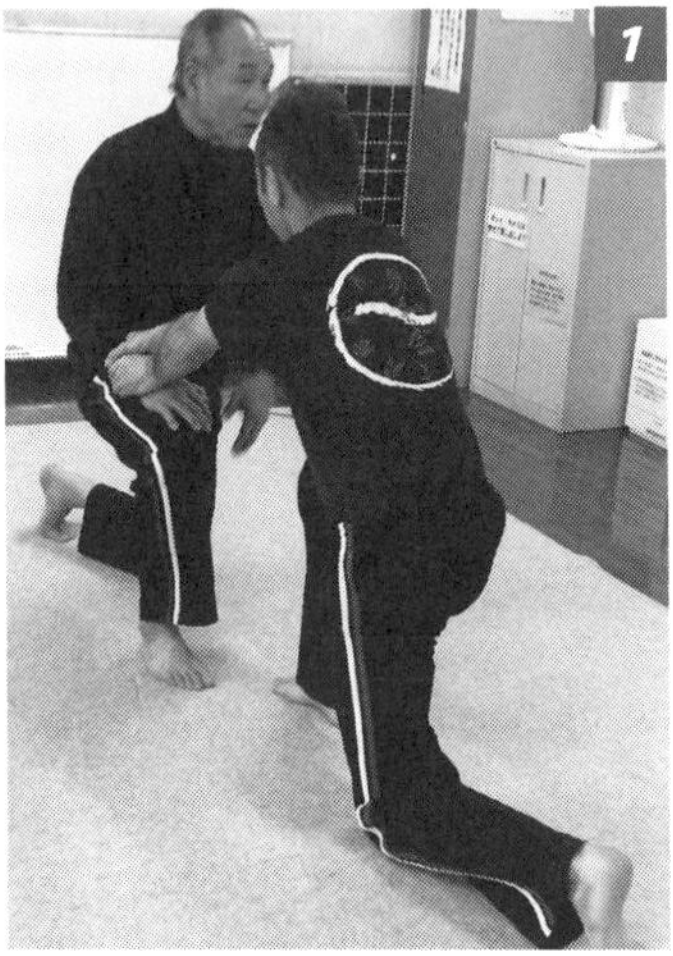

いるけど、これはこれで、ポイントを抑えているから動かす事は成功できる。

　こんな風に、「見取り稽古」というのは、単に見た目の形をコピーする作業ではない。どこにポイントを見出すかは、感覚を、そしてたとえ乏しくとも自分なりの経験も総動員しなければならない。

　実はこの「筋力をなるべく使わず、相手とぶつからない崩し」は、若い人ほど上手くできない。それは、筋力が思い通り発揮できているゆえに、「筋力をなるべく使わない運動」には思い至れないのだ、歳をとって、筋力が思うように発揮しなくなって来た時、それでも何とかしようと思っ

「支点を作らない」と解釈した再現

師の動きにはなかった肘を落とす動きも導入して「ぶつかり」を生じさせず成功。

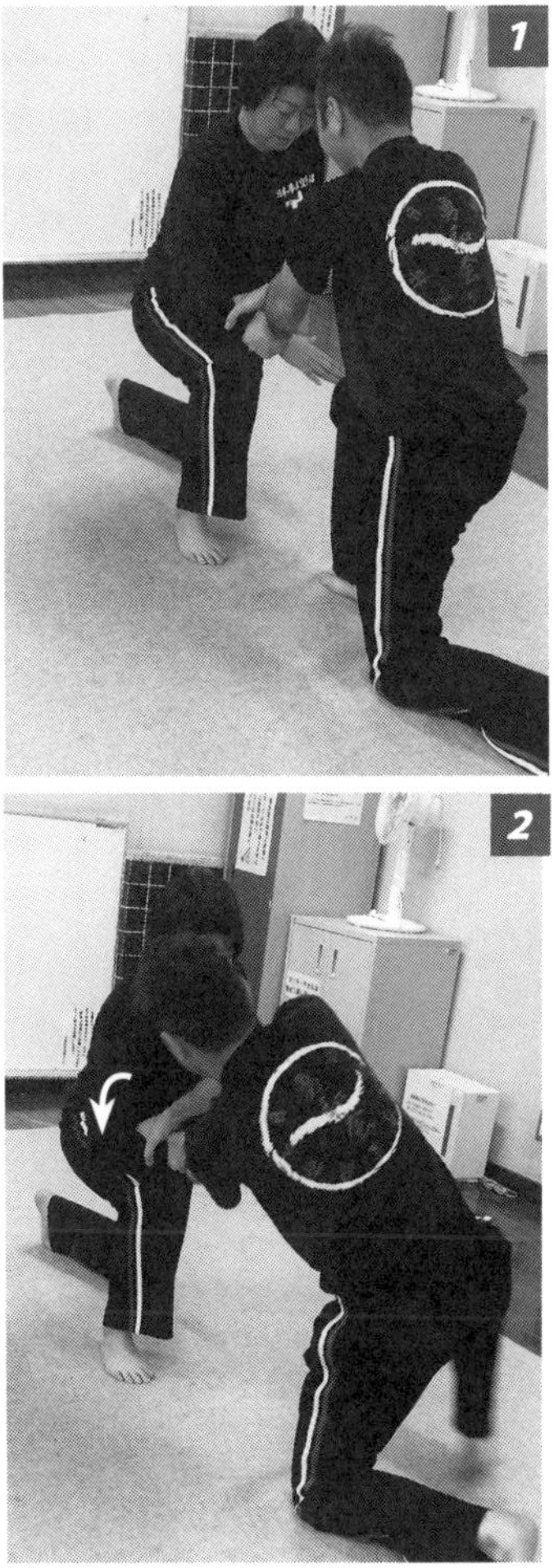

た時に上手くいきやすい。

12 「力を使わない」が腑に落ちる瞬間

力については、誰もが多かれ少なかれ、誤解をしていると思う。先の例でいうと、「相手が抑えつけてきているのだから、それを上回る筋力を発生させないと動かないだろう、というものだ。

これは、最初っから相手の力にぶつかり勝つ事が前提になっている。

しかし、実際はそうではないのだ。

抑えられた手は、いわば「拮抗状態」にある。つまり「プラマイゼロ」の状態だ。「プラマイゼロ」の状態から相手の手を動かすには、実はほんのわずかな力でいい。ほんのわずかな力で「プラマイゼロ」の拮抗は崩れ、相手の手は容易に動かす事ができる。

武術の技も、基本的にはどこを切り取っても、こういう構造になっている。無駄な力を使う必要はない。無駄な力を使えば、使うべき力も発揮できなくなってしまう。しかしこの「無駄な力を使わない」がいかに難しい事か。

いくらかわからないものを買いに行く。1000円はしないだろう、と1000札を持ってい相手の前腕を指１本で引っ掛けただけの状態から、自在にコントロール。大きな力は要らない事の証明。

くのが普通。それをぴったり950円持っていくようなものだ。

余分な力は要らない、と言ったって、必要な力は予めにはさすがにわからない。触れた瞬間、瞬間的に感得するのだ。

若い時は有り余っていた筋力がなくなってきた時、筋力でない武術的な身遣いが腑に落ちるようになる。というと、これを貧しくなってきたから節約型に切り替えて渋々しのぐ、……のようなイメージをしてしまわないだろうか？

逆だ。むしろ感覚的な開花がここで必要になる。鈍かったものが研ぎ澄まされなければならないのだ。

力を抜け、と再三言われても、なかなか上手くはいかないものだ。けれども、感覚が研ぎ澄まされた時、「力は必要なかった」という事が、きっと本当の意味で腑に落ちる。

13 原体験

「力は必要ない」への気付きには、私はけっこう若い時にきっかけとなる出来事があった、まだ20代の頃、カウンターで飲んでいたら、いきなり2人に両手を抑えつけられた。

咄嗟に立ち上がるとともに、片手で一人ずつを投げ飛ばしてしまっていた。

後から考えると、いくら20代の頃とはいえ、筋力ではこんな事は無理だ。それに、まったく力を入れた感覚もなかったのだ。

思えば、山田先生からもそのヒントになる教えは度々受けていた。

「手を、とりもちがくっつくように使え」

力が入った手ならガチガチぶつかるけど、とりもちみたいにくっつく、というのは、力を抜いた手という事。

力が入った手は〝死に手〟であって、それは使えない手だともよく言われていた。打撃戦でも、相手の突きを手で避けるなと。手で弾こうとすれば、それは〝死に手〟になるんだと。それは先生が辰雄先生に言われていた事でもあった。辰雄先生は竹内流柔術の師範でもあったので、そういう極意がよくわかっていたんだと思う。

当時の私はなんとなくしか意味がわからなかったけど、今ははっきりわかる。

極意というものは、言葉尻だけで在るものではない。その言葉を聞けば、誰でも得られるものでもない。本当の意味で飲み込める時機というものがあるんだと思う。

カウンターで抑えつけられた状況の再現。筋力を使わずに、相手の体を軽々と浮かす。

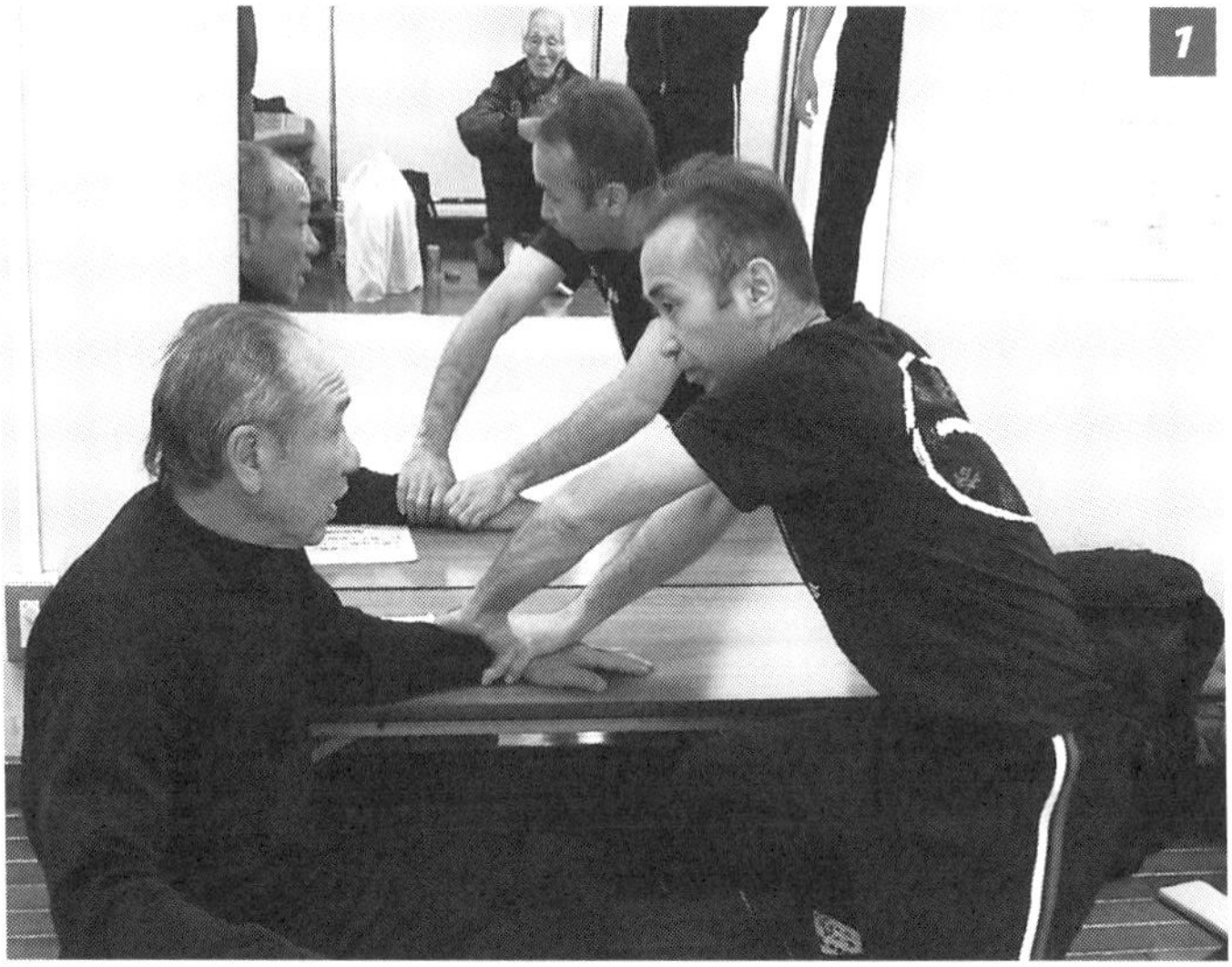

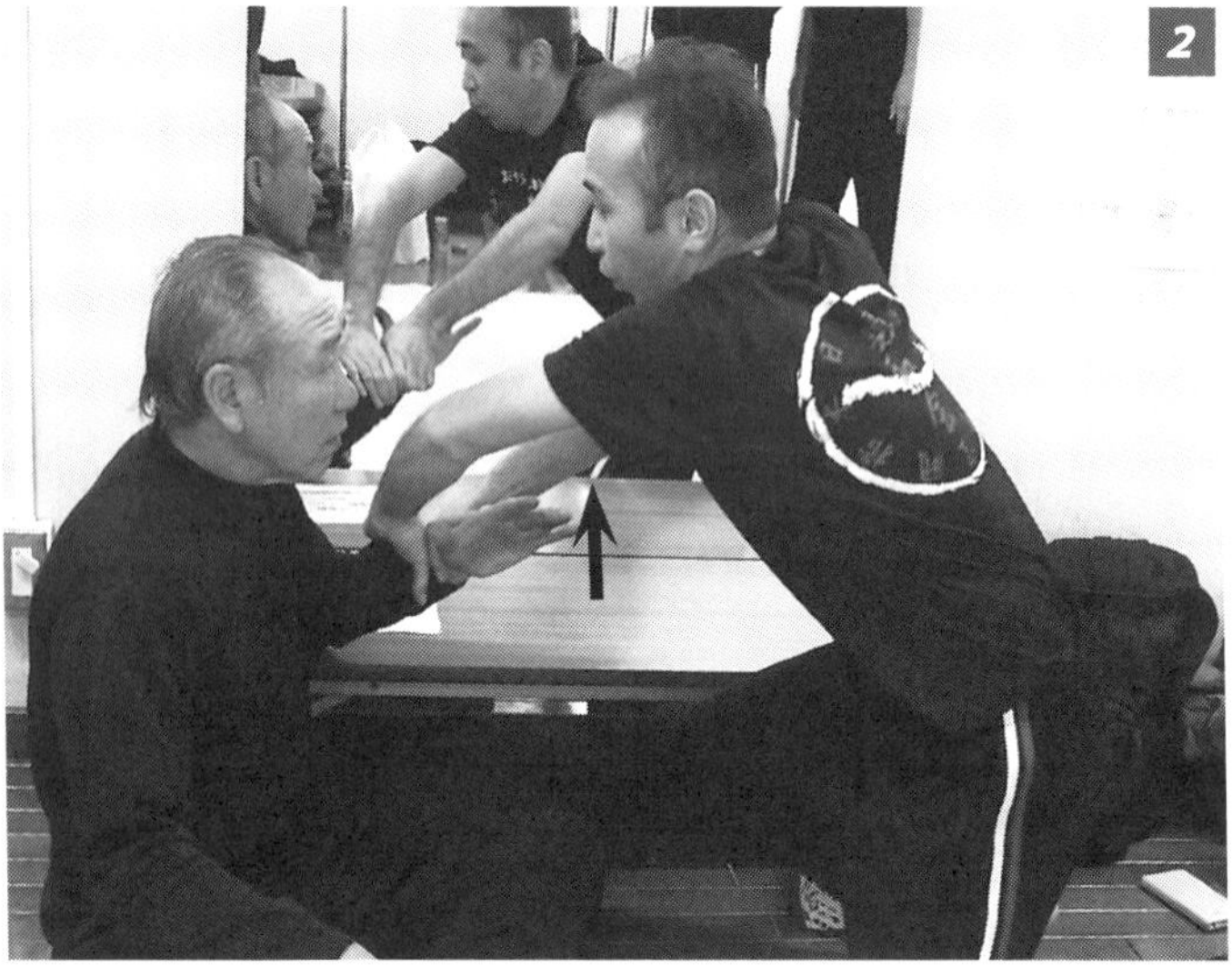

第7章

そういう人間で在らん事を

あまり、褒められた人間じゃなかったかもしれない。
けれどもこれだけは知ってる、
自分のためにしか行動しない人間には、何もできやしないのだと。

1 このろくでもないコンプラ時代に

なんだかいつの間にか、言うべき事を誰も言わない時代になってしまった気がする。「コンプライアンス」の名のもとに、うわべばかりかしこまって見せ、内心では舌を出す。その証拠に、ネットの世界の無記名での誹謗中傷は非道いもんだ。誰が傷ついてもおかまいなしどころか、誰かを傷つけようとして書き込んでいるとしか思えないようなものがあふれかえっている。

こんな時代だからこそ、自分しか言わないような事を言ってみるのも意味がある事なんじゃないかと思ったのは、本書を出す動機のひとつでもある。

本書最後になるこの章では、こんな時代に、人間としてこんな風に在りたい、在ってみてはどうか、という事を綴ってみたいと思う。

なぜこんな〝コンプラ時代〟になってしまったのだろう?

他人を不快にさせないように気遣うのなら、言葉の規制よりもまず、根拠のない差別心、無闇に人を侮蔑する心を持たない事、の方がはるかに大事だろう。それが本質ではないか？

多くの人の心が、他人を人とも思わない方向に流れてしまったから、結果として必要になってしまったのがコンプラだと思うのだ。

今、会社勤めをされている方で、「上司に反論する」という事がまったくできなくなっている人は多いのではないかと思う。

そういうのは忠誠心でも何でもない。自分を可愛がってもらいたいだけの事だ。

武士の世界に絶対服従のイメージを抱いている方は少なくないかもしれないが、とんでもない。主君に諫言する事（目上の者の誤りを指摘し正させる事）の必要性は『葉隠』などにも説かれている。

それが、自分以外のもののため、という事だ。組織自体の事を考えるなら、言うべき事、というのは必ずある。自分が嫌われたくないばっかりに、物が言えなくなっている。

もっともこれは上司の側も似たようなものだ。部下に嫌われたくないばっかりに、たしなめる事ができない。

教育現場での教師もそうだろうか？

街中でのポイ捨てを注意する、などという場面でもそうだろうか？

その人のため、その人を含む社会や組織全体のために言っている、という事が伝われば、きっと言うべき事は言えて、伝わるのだ。一番の問題はそこなのだ。

叱りにくい時代になった？　反論しにくい時代になった？

とんでもない。人間は本質的に何も変わっていない。

言うべき事は言える時代にしていこう。人が自分以外のもののために、ものを思い、行動するような世の中ならば、全然難しくない。

2　護るという事

あまりそういう印象がないかもしれないが、「用心棒」という仕事は人を護る仕事である。そういう意味では警備・警護の仕事と同質のものだ。

身を挺して人の命を護るボディガードのような仕事は、なかなか誰でもできるものではない尊い仕事だと思うだろうが、やってみると不思議なもので、「自分を護る」よりも「他人を護る」方が勇気を持てるものなのだ。使命感も全然違ってくる。

私は、依頼されたら、誰でも護った。それが偉い人物だから、重要人物だから、あるいは自分を認めてくれている人物だから、好きな人物だから、などのような損得勘定はまったく働かなかった。誰でも、命をかけて護ろうと思った。

おそらくこれは、特別なものではない。誰の心の中にもあるものだと思う。少なくとも、家族を護りたいという気持ちはきっと誰でも、命をかけてでも、と思うくらい本気だろう。

人間は、今思われているほど利己的な存在ではないのだと思う。他者とのつながりで社会を形成し、そのつながりを大切に考えるからこそ、他者のために体もはる。

勇気というものの本質も、他者との関係にあるのかもしれない。自分のためにしか行動できない人間に比べて、他者のために行動する人間は何でもできる。本当に何でもできる。用心棒、とかボディガードとかの話は特殊事例に聞こえたことだろうが、実はあらゆる仕事の原点がこういうところにあると思う。

農家は他人が食べる農作物を作る。金さえ入るならまずくたっていいや、などとは思わない。その人にとって美味しいものである事を本気で願う。自動車を作る人は、それが人の足になって大いに役立ってほしいなと思う。事故などは起こらぬように、本気で願う。教師は子供達が今後の人生に大いにプラスになるものを得てほしいと願う。踊り子は、自分の踊りを見た人がやすらかで幸せな気落ちになってほしいと思う。

みな、自分以外の誰かのために仕事をしている。一時ドライに「仕事は金銭を得るためにするもの」と言い切るのが流行った気がするが、それは実は仕事の本質ではないと思う。

他者のために何かをする、というのは、力が出てくるものだと思う。

もっとも、人を護る、という行為は仕事として行っている人もいるが、そうでない形でも多々行われている事ではある。

例えば、クラスのいじめられっ子を護ってやる。これはかつて、ガキ大将と呼ばれるヤツの使命だった。今の感覚はちょっと違うだろうが、一番腕っ節の強いやつは、弱いヤツを護ってやるのが当たり前だった。大概のガキ大将はそう思っていた。きっと子供なりに、クラス全体の事を考えていたのだと思う。それをやるから、人望というものも生まれていた。

今はおそらく、クラス全員総ぐるみで一人のいじめられっ子をターゲットにする、みたいなのが主流ではないかと思う。何もガキ大将の専売特許ではない。身近にいじめられっ子がいたら、あなただけは味方になってやったらいいと思う。

いじめというものは、たった一人味方がいるだけで成立しなくなる。いじめられっ子も、たった一人味方がいてくれるだけで、「大丈夫」と思えるようになるものなのだ。

他人を護りたい、という気持ちは、おそらく特別な道徳心とか思想によるものではないと思う。本能的なものではないうかと思うのだ。

ヤクザの仕事も、昔は市民を護る、という事ではなかったかと思う。

というと笑う人もいるかもしれないが、昭和の高倉健さんが活躍してた頃の任侠映画は、大体市民にも慕われていて、護りもするし、仕事の面倒もみたりするし、決して悪の組織という感じではなかった。

「侠客」という言葉を辞書で引いてみるといい。正義を護る人～みたいな事が書いてある。

ヤクザも「暴力団」と呼ばれるようになって、市民を護るというよりは、悪い事をして市民から巻き上げる人たち～みたいな印象をもたれるようになった。いじめられっ子を護るガキ大将がいなくなった時代の流れと連動している事のような気がしなくもない。

3　強さとは？

若い頃は「圧倒的強さ」を求めていた。一撃で相手を倒すパンチ。ガードされても吹っ飛ばす。顔面をとらえれば、頭蓋骨を陥没させる、そんな威力を追究していた。

筋力トレーニングもかなりやった。

結果として、威力はある程度実現した。しかし、どこかで、人を倒すために必要なものは必ずしもこれではない、と気づく瞬間があった。

筋力や体格はある程度あったが、どうしても自分よりも強い者に立ち向かっていく事を考えてしまうのが武術というもの。モハメド・アリが相手だったらどうか？　そこで勝ち目がないから逃げ出す、ではどうしようもない。武術を修練している意味がない。

実際、人を倒す時のパンチは、ウエイト・トレーニングのような、ああいう手応えを伴うものではない。ああいう力のもとに、人が倒せている訳ではなかった。

何も殴り倒すばかりがなすべき事ではない。投げ倒して制圧したっていい。そんな時も、真っ向から力比べして、それに勝って投げ倒す、なんて事は全然ない。むしろ筋力なんて要らなかった。均衡を崩す程度の、ほんの少しの力で相手を崩せる事に気がついた。それが武術の本質だったのだ。

歳を重ねて、筋力が衰えてきた者が言い訳のように「力ではないのだ」と言い出すケースも見かけるが、私にとっては、そもそも「奇跡を起こすのが武術」と思い続けて修練し続けてきた結果たどり着いた、いわば必然の結論だった。強さの本質は力の大きさではない。

私は一生武術を修練する。そういうつもりでいる。それは、まだまだこの先の高みがあると思えるからこそだ。衰えを最小限にとどめる、みたいな、「アンチエイジング」みたいなものだったら、一生かけて取り組む価値などない。

一生かけて取り組む価値を見つけている人は、数多くいると思う。これから見つかる方もいるだろう。こんな幸せな事はない。

〝本質〟を見つめていれば、誰でも必ず見つかる。

4 真面目なんぞや

若いうちは体力にまかせてはっちゃけて、肉体が衰えてきたら諦めて、なんて誰でもできる事だ。しかし、歳を重ねながらも何かを研ぎ澄ましていって、ついには気付きに至る、などという事は、真面目な人間にしか無理だと思う。

やっぱり人間、真面目というのは大事だと思う。真面目じゃないと強くなれない。きっと何をやってもモノにならないと思う。

けれども、今は真面目というと、型にはまった、融通のきかないタイプばかりだと思う。でも、必要なのは、そういう真面目じゃない。

仕事で何か問題みたいなものが発生したら、何でもすぐ報告する、これ、一見正しいようだけど、その実は責任負いたくないだけ。そういうのが最近本当に多い。私に言わせれば、不真面目極まりない。

あるいは、プライドって何だ。尊大さではない。些細な事で傷ついたりしないのが、真のプライド。頭だって下げられる。そんな事で何も変わったりしない。

今は謝らない人が多い、あれは何なのか。謝ると自分が下がるのか。

最近はアメリカ人に、「日本人は謝らなくなった」と言われる。昔は逆だった。すぐ謝るのが日本人。アメリカ人は謝らなかった。これも教育のせいか。

謝らないのは自己主張している訳ではない。言い訳をしている。

真面目って真剣にものを考えることだと思う。真剣にものを考えないと、ルールを鵜呑みにしたりする。

今は真面目そうで真面目じゃない。言葉のうわべだけを切り取ってるだけ。うわべだけ従ってればいいだろ。これはサラリーマン根性、役所根性の典型。

役人が真面目かっていったら、とんでもない。そうだろう？

5　人間の本質

自慢ではないが、中卒である。人によってはこれを恥ずかしい事、と隠そうとしたりもするだろう。なぜ恥ずかしい？

世間では大概の人が高校くらいは出ている、大学も出ている、それに比べると義務教育最低限の中卒では、教養もない。良い仕事に就けている訳もない。……のような価値観が働くからだ。

私は中卒を公言する事はまったく恥ずかしくない。それは、「中卒」が人間の本質を現しているものではまったくないからだ。

本書の担当編集氏いわく私は「誰よりも物を知っている」そうだ。私はそうは思っていないが、やはり本や新聞をよく読む事は関係しているだろうし、何より自分の頭で考えるようにはしている。よくよく考えるようにしている。だから、自分がこの人間としての中身において世間の多くの人より劣っているとはまったく思っていない。

教養とはなんなのだろう。

高校や大学では、英語やら数学やら物理などを、きっと学ぶんだろう。でも、それをもって、生活や人生が豊かになるようなものでなければ、教養とは言えないいんじゃないか?

試験のためだけに覚える知識じゃ寂しすぎる。

数学だって物理だって、生活や人生に活かしている人はたくさんいる。三平方の定理で、行きたい所までの距離を割り出すといい。そんなのスマホで一発ですよ、なんて言う人は、この地球が抱く質感からどんどんかけ離れていくんだろう。

大事なのは、ものの考え方だ。知識としてたくさんのデータが頭の中に入っているか、ではないと思う。

その意味で、時代は危険な方向に向かっているのではないか、とも少し思う。

人は物を考えなくなっている。

情報過多社会と言われて久しいが、どんどんどんどん情報が入ってくる一方で、解釈まで人に委ねる。

自分で考えない人間の話というのは、聞いていて本当につまらない。きっと観た映画の面白さも、ネット書き込みに頼っているんだろう。自分しか言わない感想、それが一番面白いのに。

肩書きが立派だと、それだけで立派に見られるものだと思っている人がいる。所属流派が有名だと、それだけで武術家としての格も高いのだと思っている人がいる。

そういう人に限って、中身は大した事ない。

学歴社会など実質的にはとうの昔に崩壊したはずなのに、依然モノを言うのはそういう所だったりするのは、皆中身もなければ、中身を見極める目を誰も持ち合わせていないせいなのではないだろうか？

尊大になるくらいなら、自信なんていらない。簡単に傷ついてしまうようなプライドもいらない。

何もかもそぎ落として、先入観なしに〝本質〟を見つめ続けた方が、この世界は絶対面白いのだ。

6 権威の落とし穴

武術も武道も格闘技も、つくづく「権威」を大事にする世界だなと思う。

自分の所属するそれを誰かに説明しようとする時、「有名な誰か」「有名な何か」を持ち出さない人はいないだろう。宮本武蔵が作った流派です、柳生新陰流の流れを汲む流儀です、などのように。

もっとも他人に伝えるためには有効な要素ではあるので、これ自体を責めるつもりはないが、それにしても、バックに「権威」があるとそれだけでちょっと上に身を置こう、という態度は、少なくとも武術家としてはやめた方がいい。

武術には上下はまったくない。所属するだけでその人を立派にしてくれる流派も存在しない。流派名でなくとも、強そうに見られるキャリアというのも存在する。「自衛隊のレンジャー部隊にいた」などと言えば誰もがきっと一目置く事になる。

ネット匿名書き込みの人たちがこういうものに頼っているのもよく見かける。

もし、実際にやり合う、という事だとすると、やらなければならない事はむしろ逆だろう。手の内は隠す方が得策だ。

まあ物騒な路線はさておき、多くの人が自分の本質、中身を相手に知られる以前に、それよりもかさ上げした見方をされたがるのは不思議ではないか？　いずれ露呈する事なのに。

立ち合うはおろか、その人の中身が露呈するほどの本気な向かい合いが、よほどなくなっているのではないか？　「あの肩書きがあるからあの人はすごい人だ」くらいの認識のままで済んでしまうのだ。

表層的な会話、表層的な付き合い、表層的な仕事……、何もかもが表層的に終始しているような気がしてならない。「肩書き」とは表層社会の産物なのではないか？　中身が重要ならば、「肩書き」を気にしている暇などないはずだ。

「肩書き」を得たら、誰もがそれを掲げたくなってしまうと思う。それは仕方ない。けれども、これも自然に沸き起こる、肩書きに頼ってしまう気持ちは、絶対に捨てた方がいい。

私はトロフィーや盾の類をみんな人にあげたりしてしまってほとんど残っていない。ああいうものはもう少し大切にしてもよかったかもしれない。

7　武術と金儲け

先述したように、日本拳法空手道では、大々的に弟子を集めて、経営として成立させている人がほとんどいない。これで食おうという発想をする人がほとんどいないのだ。

私も一応会を構えて定期的に稽古しているが、月謝はとらず、各回毎に必要経費を集めるくらいの感じでやっている。

正直、教えたくない、という気持ちもある。いじわるではないのだが、やはり教えれば強くなって自分を脅かす存在になり得る、という危惧は常にある。綺麗事でなく言うなら、やはりそうだ。かつての戦国〜江戸期における武術であれば、なおさらそうだったろうと思う。命がかかっているものだ。気安く教えたら、自分がひどい事になるのは自明の理だ。手の内もさらしたくない。自分の技も必要がなければ見せたくない。褒めてもらうよりも、手の内を知られてしまう危険を回避する方が大事だ。

こんな武術が、金儲けになるはずがないのだ。自分の武術が特別なものとも思っていない。武術とは本質的にこういうものだろうと思う。何百人もの弟子が集まって稽古するなんていう光景は、あり得ない。

いつから、誰が武術を金儲けに使うようになったのだろう。

別に武術での金儲けを批判するつもりもないのだが、本質的にそうはならないもの、のように思うのだ。宗教とか勉強とか、良いものだからみんな大いにやりましょう、という類のものではないのだ。いや、良いものだとは思っている。大いにやってほしいとも思っている。強くなってほしいと思っている。つくづく、武術というものは難しい。

ただ、金儲けを考えないでこれをやると、楽な部分はある。弟子に媚びずに済むという事だ。この稽古では飽きてしまうだろうと新メニューを考えたりなどしない。この稽古は痛かろう辛かろうと、ソフトにしたりもしない。これが、武術というものを、そしてその伝承を歪ませない、最大のコツなのではないか？

私は、武術は時代に適応していかなければならないものだと思っている。しかしそれとこれとは別だ。

ＹｏｕＴｕｂｅだって同じかもしれない。先述のように、私は金儲け戦線からの脱落者なので、視聴者が何を気に入りそうか、などはまったく考えずにアップしているが、それゆえに、自分自身が歪まないで済んでいると思う。十分歪んでいるぞなどと言う意見はさておき、私は純粋に自分でやってみたい、やったら面白そうだと思う事をやっているだけだ。面白いと思ってくれる人がいるといいとも思うが、つまらないと思う人がいてもいいと思っている。大量の人に見て欲しいとも高評価してほしいとも思っていない。他人の評価はどうでもいい。

これは実は、「自分自身を発信する」「自分自身から発信する」という事の本質なのではないだろうか。

ユーザーが好むように好むように、それをやらなければならない物も確かにあるだろう。しかし、そっちの方が売れるからと流れていったら、確実に歪んでいくと思う。

本だってそうだろう。私はこの本に対し、より多くの人に売れるように……などという配慮はまったくしていない。していたら、このご時世に誰もが嫌うタバコなんかもってこないだろう。それでも伝えたい事がある。どう評価してくれようとも構わない。今、これが大事だと思うから発信する。その塊がこの本だ。万人にじゃない。あなたのために届けようとしたのがこの本だ。かくも金儲けは物事を歪ませる。

8　みてくれの事

喧嘩でまったく怖くない相手というのがある。〝威嚇〟してくる敵だ。怖そうに見せてくる相手ほど怖くないというのだからうまくいかないが、〝本質〟をみるとそういう事になる。

ひどいのになると胸ぐらを掴み上げてくる。そんな事になる前に大体決めてしまうが、本当にやる気の相手は、そんな事をする前にドスを抜いている。胸ぐらをつかんでいる体勢は隙だらけだ。

逆に、本当になんでもない風に気配を消してくる相手の方がはるかに怖い。そういうヤツを見抜く事が、用心棒時代の修行のメインテーマだったかもしれない。

強そうに見せようとするヤツは大体強くない。これは真理だと思う。強くないから、強そうに見せようとするのだ。これは何にでも当てはまるのではないだろうか。

頭が良さそうに装うヤツは、大体頭が良くない。性格良さそうに装うヤツは大体性格良くない。全部裏返しだ。というか、装おうとする人間が多すぎないか？

SNSで幸せそうに装う。本当に幸せな人間は、そんな所で自分の姿をバラまこうとはきっと思わない。

巷に溢れている商品も装われたものばかりだ。美味しそう、身体に良さそう、便利そう……もっともより多くの人に買ってもらわなければならない経済原理からは致し方ないのだろうが、それにしても〝買ってみてガッカリ〟なものが多すぎないか？

かの松下幸之助は「客の好むものを売るな。客の役に立つものを売れ。」と言ったそうだが、本当に良いものは、手に入れた後に実感が増してくるものなのではないだろうか？

私は弟子たちに「人を瞬時に見極められるようになれ」と教えている。それが武術の本質だとも思っている。武術は「人間観察学」なのだ。

相手が次になにをしてくるかを見抜く。フェイントならそれも見抜く。危険な人物かそうでないかを見抜く。何を考えているかを見抜く。武術でも格闘技でも、一流の人間ほどそういう事ができる。そういう事ができる力をつけるにはどうしたらいいか。それはとにかく普段から人をよく見ろ、と教えている。やっぱり場数を踏む事は大事だと思う、別にボディガードの仕事じゃなくたって、人を見る場面は日常にたくさんある。

今は人をあまり見ないんじゃないかと思う。挨拶すらしないんだから。スマホから目離さないし。そういう所を改めるだけでも、目は養われると思うし、感覚を外に向けて開く事は、間違いなく危機管理につながる。少なくとも、近所の人への挨拶くらいはした方がいい。近所に住んでいる人の顔も知らないなんて、こんな怖い事もない。

通り魔だとか、いきなり車が突っ込んでくるだとか、いきなりじゃとても無理ですよ、と思うかもしれないけど、そんな事はない。予兆は必ずどこかに顕れているものなのだ。

逆に自分は、何かを装おうとしてはいないだろうか？　強そうに見られたい。キレ者と見られたい。すごい人のように思われたい。

まあ、そんな風に思って装っているうちは、強くもすごくもないのだと思う。本質を追究し、それを掴む過程では、人の目などどうでもよくなるものだ。

本当に強い者は、市井に埋もれているものだと思う。何でもない姿をしてその辺にいる。達人然として山に篭ってたりするものじゃないと思うのだ。

そんな風に心がけていると、人間の本質というものが、だんだん見えるようになってくる。

あなたの本当の味方が誰なのかも。

9 達人技の本質

日本拳法空手道の構えは非常にコンパクトだ。そこから繰り出すストレート・パンチも、至ってコンパクトだ（29ページ参照）。言ってみれば、地味なのだ。映《バ》えない、のだ。しかし、だからこそ、強力な武器になるのだと思っている。研ぎ澄ましたストレート・パンチは太刀の一撃にも匹敵すると思っている。一撃で決める力を秘めたものだ。

私が何をやるにしても心がけているのは、これが〝誰でもできる事〟だという事。結局、達人技だと言われるようなものでも、本質的には〝誰でもできる事〟だと思う。だから、武術には奇跡が起こるのだ。体操選手がムーンサルトをやるような話ではない。

実際、武術においてそういう意味での高度な技術は、使えない。誰かに見せるためのものでない武術は、「何回かに1回なら成功する、本番に強い人なら成果が出せるような技術」はまったく追究されない。

ムーンサルトはもちろん尊いが、武術でなくとも、本当に意味のある「達人技」は、実は誰でもできるもの、なのではないだろうか？

武術においては「初手こそ極意」とはよく言われる事だ。入門して最初にやらされる事が極意であり、達人技とも言うべき武器なのだ。しかし、入門して最初にやらされるくらいだから、実は誰でもできる事なのだ。誰でもできる事を研ぎ澄ましたものが「達人技」だ。

料理人の達人技としか思えない包丁さばきは、実は至って地味なものだ。動きとしては、素人にだって十分できるものだ。その中に追究がなされていくのが、料理人の本質追究なのだと思う。

修行とは、誰でもできる事を積み重ねていく過程なのだと思う。目に見えた達成感が用意されているものではない。だから、誰でも登り上がっていける道のりでありながら、誰もが歩み続けられる道のりでもないのだと思う。歩み続けるのが、ある意味、大変なのだと思う。

その過程の中で、自身の発見がある。高い所へ行けば行くほど、ささいな所に発見できる。そういう見る目､感覚を一生持ち続けていくのが大事だと思う。そうすれば､人間として､衰えていったりなどしないと思うのだ、

人間の一生はそういう追究であるべきだと思う。私は少なくとも一生、死ぬまで武術修行を続けていきたいと思っている。死ぬまで研ぎ澄まし続けられるものでなければ意味がない。「余生」などというものはないのだ。

10 はけ口

随分とストレスフルな社会になったものだと思う。今は小学生すらがストレスに苦しんでいるという。でも、子供というものは宿命的にある種の負荷がかけられているものだと思う。大人のようには思うようにならない事ばかりなのだから。それでも子供というものはなんとか上手くやるものなのだ。しょうもない〝はけ口〟を発明しては。

そんな〝はけ口〟がなくなっているのではないかと思うのだがどうだろう？　今盛んに行われているスマホゲームがそんな〝はけ口〟になっているとは思えない。中毒性をまぶしつつ見させよう、課金させよう、といういやらしい大人たちが作り出したものに、そんな効力があるはずがない。発明しようぜ子供達よ。

その昔、若者たちの〝はけ口〟という役割を果たしていたものの一つに「喧嘩」があった。若者の喧嘩は、相手を殺そうとするものではない。じゃれ合いだ。それなりに本気の。

今は見なくなったが、昔は暴走族グループがたくさんあった。グループ同士は必然的に「抗争」する。

一対一の「タイマン」を設定する事もあった。もう、ブレイキングダウンどころでない、大イベントだ。

もちろん時に逸脱して、大怪我に繋がってしまう事もあったろう。でも、遺恨は残さない。「タイマン」の後に仲良くなってしまうような事は漫画の中だけの話ではない。

地元同士はつるむ。よそ者が来たら「なんだこの野郎」となる。礼賛するつもりはないが、大事な文化だったように思う。少なくとも、男の子として、健全だったと思う。

今は、小学生のうちから、取っ組み合いの喧嘩をしなくなっているのだという。先生に禁じられているからなのかどうかは知らないが、喧嘩をする発想がそもそもなくなっているらしい。手が出ないのだろう。

短絡的に結びつけてはいけないのかもしれないが、そんな〝はけ口〟のなさが、今のいじめの陰湿さ、卑怯極まりないネット暴力などを引き起こしているような気がしてならないのだ。

「タイマン」は一人の人間が何かを背負う、という意味だ。責任を持つ、という事だ。相手の反撃は全部俺が受ける、という事だ。

今のいじめやネット暴力はその真逆だ。反撃は自分には決して降り掛からない「一人対多勢」の図式にして、一方的に、時にこちらの顔や名前も知らせない状態で攻撃する。そんなストレスの噴出のさせ方で、心が晴れる訳がない。かくして、どんどん卑怯で陰湿な方向にエスカレートさせていくしかなくなるのだ。

ネット中傷で名誉毀損逮捕、なんていう人間を見ると、ほとんどが普通のサラリーマンだ。ストレスを抱えているのは十分理解できるが、〝はけ口〟としては最低だ。

暴力をゲームだとかネット発言だとか、そういうもので代替させるのは間違っていると思う。

大きな違いは、肉体暴力は、必ず自分が痛い目に遭うリスクを伴う、という事だ。

〝はけ口〟とは、スカッとすればいい、というようなものではない。リスクを伴うからこそそのスカッとする部分も生まれるし、何より、思い知る事だ。そんな自分の思い通りいくようなものではないという事を。

それもまたストレスなのではないか、というとそうでもない不思議がある。

とにかく、肉体暴力よりも、今はびこっている非肉体暴力の方がはるかに陰湿で不健全なもので、社会悪だと思う。

それを霧消させる役割を、武術が担えればいいのだが。

11 〝先の先〟か〝後の先〟か

完全に相手に先んじて動き、相手が何かする前に制してしまうのを〝先の先〟、相手に先に攻撃させ、カウンターにとらえるのを〝後の先〟と言ったりするが、喧嘩ではどちらが多かったかと問われれば、私は圧倒的に〝先の先〟だ。

〝後の先〟は確かに有効だ。どんなに隙のない相手でも、攻撃してくる瞬間だけは必ず隙が生じる。だから、古流武術の技は剣術でも柔術でも、必ずまず相手が攻撃してきて、それに対して反撃する、という構造になっている。ボクシングやキックボクシングでも、「カウンター狙い」は極めて有効な戦略だ。両者睨み合ってなかなか手を出さない、なんていう場面がこれだ。

しかしながらこれは、リングの上や道場など、相手がしてくる事がある程度限定された状況下でのみ有効、と言わざるを得ない。

相手が必ずパンチでくるのなら、刀を振ってくるのなら、それをギリギリかわしてカウンター、というのもいいだろうが、拳銃を取り出されたら、その〝ギリギリかわして〟がまったく無意味なものに変わる。これが実戦なのだ。何が起こるかわからない。だからあえて相手に手を出させる余裕などないのだ。

さらに言えば、武器を取り出すかどうかも攻撃をしてくるかどうかも決まっていない。仲間に合図して、その仲間が背後から襲ってくるなんていうのも起こり得る。

実戦では「逃げる」という選択肢もある、相手が腕の立つ者ばかり5、6人なんていう場合、とても一人で太刀打ちできるものではない。そんな時はいち早く逃げよう、と判断しなければならない。

大事なのは、この瞬間的な判断能力だ。今なら喧嘩をすれば大体警察沙汰になる。自分に正当性があろうがなかろうがだ。それを考えると喧嘩は避けるに越した事はないのだが、それで遅れをとることになってしまっては一番まずい。やるのかやらないのか、やるなら相手より早くやらねばならない。そんな判断も入ってくる。それらもひっくるめて。すべてを鑑みての、相手に先んじなければならないのだ。

戦いはいつから始まっているのか。その判断が早ければ早いほど、勝てる確率は高くなる。生きていく中では、試合のようにいつ始まるか、相手が何をやってくるのか、決まっている状況の方が珍しい。誰もゴングを鳴らしてくれなどしない。

だから、武術で研ぎ澄まさなければならないのは、相手より早く動き出せる身体操法よりも、あるいはスピードの速いパンチなどよりも、その瞬間的判断を可能にする〝感覚〟なのだと思う。身体能力が劣っていようが、相手より判断が早かったら、必ず勝てるのだ。

12 法律と正義

法律に違反する事は悪い事であり、やってはいけない事、と今なら誰でも言う事だろう。でも、これはこれで危険な事のような気もするのだ。

法律は正義を護るために作られたものではない。社会秩序を維持するために作られたものだ。

「正義」という言葉も口にしづらい時代になった。それは、「正義」を掲げながらもとんでもない暴力を振るう者が出てきたからだ。宗教、思想的なテロリストなどのように。

正義は人それぞれ違う、というのが今の概ねの認識だ。

そんな時代になると、人は正しいか間違っているかなどを行動基準にできなくなってくる。法律に違反しているかしていないの方が優先される。

それでいいのか、と思うのだ。

時には暴力でしか護れない場面もある。そんな時、正当防衛とみなしてもらえるかどうかなど、鑑みている暇がある訳がない。

正義は人それぞれ違う、というのは、それはそれで正しいと思う。だから、自分の正義感は人には通用しないのだ、ではない。自分の正義感を貫かなければならない。そのためにも、自分の中に、たとえパーソナルなものにせよ、確固たる正義感を確立しておかねばならない、と思うのだ。

実戦とは、考える間もなく、瞬間的に行動しなければならないものだからだ。

これは「自分的には正しい、と言い張る」ような自分勝手なものではない。それは結果としてむしろ「道徳」のように、誰もに通用しそうな、共有できそうな、そんなものなのではないかと思うのだ。

「法律に違反しているからやらない」ではなく、よろけたおばあさんを咄嗟に助けてしまっていた、というのが本当だろう？　助けないと法律違反だからでも、助けると再生回数がアップするからでもない。判断基準は自分の中にあるべきだ。ましてや、誰かの目を気にしてかしこまったフリをしながら下されるようなものでもない。これがコンプライアンスってやつだろう？　自分の中の判断だからこそ、それが私欲に偏った、自分勝手なものであってはならないのだ。ある意味平和な時代。法律優先型の時代だからこそ、こういうところを鑑みなければならないような気がするのだ。

13　例えば不倫について

既婚者と肉体関係を持つ事を、大体不倫と言うらしい。しかし、有名人がこれをやると一斉に「そら、悪い事をした！」と断ずる報道姿勢はどうなんだろう？

当事者はともかく、第三者に「それは悪い事だ」などと言う資格があるのだろうか？　報道が常に、とる〝上げ足〟を探しているというか、とにかく誰かを叩きたい、叩けば売れる、みたいな底意地の悪さを感じるのは私だけだろうか？

昔は何人もお妾さんを囲う豪傑が何人もいて、それはそれで調和が成立しているように見えた時代もあった。倫理観は当然、時代とともに変化する。だからこそやはり、自分の中にしっかりとした判断を持つべきなのではないか？　マスコミが悪い事のように報じるから悪い、ではないはずだ。個人の価値観の集積が世論となっていかなければならないはずだ。マスコミに倫理をこしらえられてどうする？

テレビ、新聞、雑誌もさる事ながら、ネット情報というヤツがバカにならない。とてつもなく広い選択肢、それは自分で自在に選べる、という触れ込みだったはずだが、気づいてみれば誰もが特定の情報を見させられている。何かを検索したって、上の方に上がってくるのは決まっている。そうでない情報には、たどり着けないようなしくみになっている。

政治に利用されるのも無理はない。フェイクニュースなんてのも、素人には真偽の判断がつかないだろう。もはや「洗脳」という言葉を使っても決して言い過ぎではないだろう。

自分で判断する。それが他者と違っていてもそれはそれ、合わせたりしないで堂々と発言する。「個人の感想です」などと注意書きを入れて。

14　本質追究に憂いなし

幸い私は、これまでの人生であまり恐れやストレス、悩みに苛まれる事なく生きてこれた。それは、常に、何においても、本質を見つめる事が主眼にあったからなのではないかと思う。悩みとか怖れとかは、本質からちょっと外れたところに巣食っている事が多い。

例えば、私は「批判」が怖くない。それがごもっともで受け入れた方がいい批判であれば確実にプラスになってありがたいものだし、取るに足らない、人を傷つけたいだけのものならば、流せばいいだけの事だ。以上、これが本質だろう？　これ以上何かあるか？

自分が真剣に生き、真剣に物事を追究しているのに、なぜ他人の価値観に揺るがされなければならないのだ。

不真面目にくわえタバコで刀を振ったら批判を受けてしまった、反省。という事ならば沈みもしよう。しかし、私は真剣にやった結果だ。わかってはもらえないかもしれないが、反省させられなければならない覚えはない。なんだったら、批判する貴方よりも真剣に武の道に取り組んでいる自負がある。

「貴方よりも」と記したが、果たしてどちらが上かなどはどうでもいい。自負があればいいのだ、それくらい真剣に臨んでいるかどうかだ。真剣かどうかは自分自身が判断すればいい。

私は今日も真剣に稽古に臨む。真剣に生活に臨むのだ。

著者紹介

鈴木勇悦（すずき ゆうえつ）

日本拳法空手道勇和会最高師範。手裏剣術マ伝流宗家。

20歳で日本拳法空手道本部入門。21歳でドイツ、ベルリンにてマーシャルアーツにおいて世界ランク第7位。22歳で2段を取り、東京都アマチュアボクシング、ライトミドル級、優勝。同年9月には、全日本社会人ボクシング大会第3位。28歳で、スポーツクラブ（現ティップネス）にて、日本初空手教室を開く。以後25年間に亘り指導。

40歳で日本拳法空手道本部の師範代に就任、と同時に杉並ジム会長に就任。

46歳で日本格闘空手道連盟勇和会として独立。また、2005年より、極真会館増田道場の顧問を務めている。

装幀：谷中英之
本文デザイン：中島啓子

くわえタバコで達人技 不器用な男の どうしようもなく真摯な武術探求

2025年2月20日　初版第1刷発行

著　　者　鈴木 勇悦
発 行 者　東口 敏郎
発 行 所　株式会社ＢＡＢジャパン
〒151-0073 東京都渋谷区笹塚 1-30-11 4・5F
TEL　03-3469-0135　　FAX　03-3469-0162
URL　http://www.bab.co.jp/
E-mail　shop@bab.co.jp
郵便振替 00140-7-116767
印刷・製本　中央精版印刷株式会社

ISBN978-4-8142-0691-9　C2075

BAB ジャパン　オススメ書籍

乱取りで身につく! 突き蹴り、投技、関節技!!

書籍　強い! 日拳 日本拳法を学ぶ

元祖! 総合格闘武道! 日本拳法は、戦前に誕生した歴史ある武道。警察逮捕術・自衛隊徒手格闘術のベースと言われ、有名なプロ格闘家も多数輩出! 安全性と実戦性を両立させた、日本拳法の独創的な稽古体系を解説する一冊! 33 年ぶりとなる日本拳法の新著です。

●土肥豊 著　●四六判　● 260 頁　●本体 1,500 円 + 税

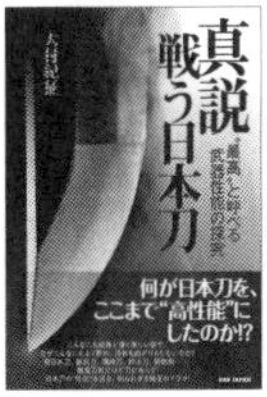

"最高" と呼べる武器性能の探究

書籍　真説 戦う日本刀

こんなにも細身で薄く美しい姿で、なぜこんなにもよく斬れ、折れも曲がりもしないのか? 新日本刀、振武刀、満鉄刀、群水刀、斬鉄剣……鑑賞刀剣だけが刀にあらず! 日本刀の " 性能 " を巡る、知られざる珠玉のドラマ! 構造分析、断面写真等、貴重資料とともに、その秘密に迫る!

●大村紀征 著　● A5 判　● 248 頁　●本体 1,800 円 + 税

『五輪書』から読み解く最重要文書『兵道鏡』『円明三十五ヶ条』の解読

書籍　武蔵 "無敗 "の技法

武蔵の技、再現。『五輪書』以前に、すでに武蔵によって書かれていた『兵道鏡』『円明三十五ヶ条』。ここには " 勝つ技術 " が詳細に書かれていた! 『五輪書』を読んでも分からなかった答はここにある!

●赤羽根龍夫 著　●四六判　● 232 頁　●本体 1,400 円 + 税

読めば心に "刀" 帯びる

書籍　日本刀が斬れる理由、美しい理由

刀匠であり武道家でもある者だけが知る秘密、教えます。隕石に含まれる鉄で作った隕鉄刀。持つと、不思議な気流を感じます。こんな不思議なものがこの世にある不思議! 世界最高峰の斬撃力! 世界最高峰の美しさ! 日本刀には、知られざる " 理由 " がある。

●松葉國正 著　●四六判　● 180 頁　●本体 1,400 円 + 税

夢は武道を仕事にする!

書籍　道場「経営」入門

こんな本が欲しかった! " 自分の道場が持てる " 本 !! 武道の道場を開き、運営していくには、普通の店舗とはまったく違ったコツや留意点があります。今まで誰も教えてくれなかった道場経営のノウハウを、もちろんお金の話まで、ぎっちりしっかりと詰め込んだ、本邦初、夢実現の一冊です !!

●小池一也 著　●四六判　● 264 頁　●本体 1,500 円 + 税